Richtig schneiden im Garten

Garten ZEIT

av BUCH

Peter Klock

Richtig schneiden im Garten

av BUCH

Bildnachweis

Monika Klock: Seite 56, 62 r., 66, 71 u., 70 l., 72.
Peter Klock: Seite 11, 18, 20, 22, 26, 29 l., 30, 36, 38, 45, 47, 51 r., 55 u., 57 u., 58, 65, 66, 68 o.
Wolfgang Redeleit: Seite 73
Bildagentur Waldhäusl: Seite 2, 6, 8, 13, 17, 19, 28, 29 r., 34, 35, 37, 40, 42, 43, 44, 46, 48, 49, 50 alle, 51 l., 52, 53, 54, 55 o., 57 o., 59, 60, 61, 62 l., 69, 70 r., 71 o.

Impressum

Nfg. KG, Sturzgasse 1A, A-1141 Wien, E-Mail: buch@avbuch.at,
Internet: www.avbuch.at

Die Deutsche Bibliothek – CIP-Einheitsaufnahme
Die Deutsche Bibliothek verzeichnet diese Publikation in der Deutschen Nationalbibliografie; detaillierte bibliografische Daten sind im Internet über http://dnb.ddb.de abrufbar.

Projektleitung: Brigitte Millan-Ruiz, avBUCH
Redaktion: Redaktionsbüro Wolfgang Funke, Augsburg
Illustration: Thorsten Klock, Hamburg
Umschlag und Layout: Ravenstein + Partner, Verden
Satz: Karin Prugger, Das Agenturhaus, München
Bildreproduktion: BayWa Druckerei, München
Druck und Bindung: Westermann Druck, Zwickau

Printed in Germany

ISBN: 978-3-7040-2325-4

Inhalt

Vorwort

Der überwiegende Teil der Gartenbesitzer betrachtet das Schneiden und Formieren ihrer Pflanzen als eine sehr wichtige Tätigkeit, die allerdings häufig als besonders schwierig angesehen wird.
Doch diese Arbeiten sollen eigentlich zu den erfreulichsten zählen, denn nach einem sachgerecht durchgeführten Schnitt ist der Erfolg schon bald in Form einer üppigen Blüte, einem reichen Blattschmuck oder der Ausbildung einer großen Anzahl von Früchten wahrzunehmen. Pflanzen werden nicht beschnitten, weil das so üblich ist oder weil man das machen muss. Es macht nur Sinn und sollte daher auch nur dann ausgeführt werden, wenn der Gartenbesitzer eine Vorstellung davon hat, was er durch die Schnittmaßnahmen erreichen will und was er durch diese Maßnahmen erreichen kann. Zu diesem Zweck müssen ihm die wichtigsten Schnitt- und Wachstumsregeln bekannt sein und er sollte eine gewisse Kenntnis haben von den Wuchseigenschaften der betreffenden Pflanzenart oder -gattung.
Wer seine Pflanzen Jahr für Jahr radikal zurückschneidet, wird keine große Freude am weiteren Wuchs haben. Sie werden zumeist ungebremst treiben und es entsteht eine Art Automatismus, erneut schneiden zu müssen, eben wegen des starken Wuchses. Wer hingegen niemals schneidet, muss mit dem „natürlichen" Wuchs vorliebnehmen.
Doch solch ein Wuchsverhalten ist in Gärten oder auf ähnlich kultivierten Flächen zumeist nicht erwünscht. Dem überwiegenden Teil unserer für die Gartenkultur vorgesehenen Pflanzen sollte zumindest ein Minimum an Pflege zukommen.
Mit diesem Buch sollen jedem Gartenfreund die wichtigsten Schnittregeln anhand von Schritt-für-Schritt-Darstellungen und Textbeschreibungen vermittelt werden. Schnittmaßnahmen werden an wichtigen, interessanten und häufig anzutreffenden Pflanzengattungen und -arten vorgestellt.
Wer die grundsätzlichen Regeln beachtet und seine vielleicht vorhandene Angst vor dem Beschneiden von Pflanzen überwindet, wird Erfolg haben. Eine gewisse Kenntnis der wichtigsten Pflanzeneigenschaften kann ebenso sehr hilfreich sein.

Peter Klock, im Januar 2009

Grundlagen und Grundausstattung

Warum muss man Pflanzen schneiden?

Bevor Pflanzen beschnitten werden, muss das Ziel, das damit erreicht werden soll, bekannt sein. Ohne Ziel einfach nur drauflos-zuschneiden, wird eher unerwünschte, ja sogar fatale Folgen haben. Und schließlich ist zu bedenken, dass nicht jede Pflanze durch bestimmte Schnittmaßnahmen zu einem bestimmten Wuchs veranlasst werden kann. Aus diesem Grund ist das Wissen über den Wuchs und über weitere Eigenschaften der betreffenden Pflanze von großem Vorteil.

Mit der Natur arbeiten

Wer Pflanzen immer wieder schneiden muss, um sie klein zu halten, hat die falsche Pflanze in seinem Garten. Sehr starkwüchsige Sträucher, Büsche oder Bäume können durch ständigen Schnitt nicht dauerhaft klein gehalten werden. Im Gegenteil: Jeder Rückschnitt bewirkt einen umso kräftigeren Austrieb. Und wird das Schneiden übertrieben, kann die Pflanze erheblich leiden und sogar eingehen. Schnittmaßnahmen sollen die dekorative Wirkung der Pflanze erhöhen, die Blütenbildung sowie die Ausbildung von reichlich Früchten fördern und ihr einen artgerechten, natürlichen Habitus verleihen.

WICHTIG ZU WISSEN

Durch das Beschneiden von Pflanzen werden ihr die in den abgeschnittenen Pflanzenteilen gespeicherten Nährstoffe genommen. Zudem kann eine nicht unerhebliche Stresssituation entstehen. Um die Pflanze weiterhin gesund und wüchsig zu erhalten, sollte sie optimal mit Nährstoffen und Wasser versorgt werden.

In der Natur brechen Pflanzen im Sturm oder werden von Wild gefressen – und treiben wieder aus.

Jungpflanzenschnitt: Balance schaffen

Insbesondere jüngere Pflanzen, die mit frei liegenden Wurzeln – auch wurzelnackte Pflanzen genannt– gepflanzt werden, erhalten einen Pflanzschnitt. Mit dieser Maßnahme soll ein Gleichgewicht zwischen oberirdischen Pflanzenteilen und Wurzelmasse erreicht werden. Damit wird besonders das An- und Weiterwachsen von Sträuchern und Bäumen gefördert.
Während die Krone zurückgeschnitten wird, um einen gewünschten Kronenauf-

Warum Pflanzen geschnitten werden

Zierpflanzen im Garten
- Förderung oder Beibehaltung eines gedrungenen, ansprechenden Wuchses
- Förderung der Blütenbildung
- Verhindern eines zu dichten Wuchses
- Winterlicher Rückschnitt

Obstgehölze
- Kleinhalten der Pflanze, sofern sie auf entsprechender Unterlage veredelt wurde
- Förderung der Ausbildung kräftiger Leitäste bei Halb- und Hochstämmen
- Auslichten von Kronen und Entfernen in die Krone wachsender Triebe
- Förderung des Blühens und Fruchtens
- Verjüngung der Kronen alter Bäume
- Ziehen von Spalieren

Hecken
- Zur Erziehung voller, nicht verkahlender Hecken
- Um Hecken in gewünschter Höhe dauerhaft zu erhalten

Kletterpflanzen
- Damit sie dort klettern, wo es gewünscht ist
- Zur Förderung der Blütenbildung bzw. des Fruchtens

Kübelpflanzen
- Erziehung einer ansprechend proportionierten Pflanze
- Förderung der Blüte und ggf. der Fruchtbildung
- Erhaltung des jugendlichen Wachstums

Sonstige Gründe
- Entfernen kranker Pflanzenteile
- Entfernen schnell aufschießender, den Habitus der Pflanze störender Triebe
- Zur Verbesserung der Überwinterungsbedingungen für Kübelpflanzen
- Entfernen beschädigter Pflanzenteile

bau zu erzielen, werden beschädigte Wurzeln bis ins gesunde Holz zurückgeschnitten. Auf diese Art bleibt ein ausgewogenes Verhältnis zwischen Wurzelmasse und Krone erhalten.

In Form bringen

Diese Schnittmaßnahme ist besonders wichtig bei der Anzucht von Sträuchern und Gehölzen. Junge Obstbäume erhalten einen Formschnitt, um sie zu Büschen, Halb- oder Hochstämmen zu erziehen. Spätere Leitäste müssen durch entsprechende Schnittmaßnahmen angezogen bzw. gefördert werden.
Kübelpflanzen werden durch Formschnitt in der gewünschten Größe gehalten, auch unter Erhaltung ihres natürlichen Habitus. Klein bleibende Obstgehölze und Obstgehölze in Kübeln regt man durch geeignete Schnittmaßnahmen zum Blühen und Fruchten sowie zu einem gedrungenen Wuchs an.
Auch Heckenschnitt ist eine Art des Formschnitts. Heckenpflanzen werden auf diese Weise zur Ausbildung der gewünschten Wuchsform angeregt. Ein weiteres wichtiges Ziel ist dichter Wuchs. Durch einen Zierschnitt können insbesondere kleinblättrige immergrüne Gehölze zu vielen unterschiedlichen Figuren gestaltet werden. Bonsaipflanzen müssen regelmäßig in Form geschnitten werden.

Ernteschnitt am Teebaum

Pflanzschnitt

a: Pflanze vor dem Schnitt
b: Nach dem Schnitt
c: Krone von oben gesehen
d: Dieses wäre ein ungünstiger Schnitt

Heckenschnitt mit elektrischer Heckenschere.

Heckenschnitt

Das Thema Wundverschluss wird sehr kontrovers diskutiert.

Unter Hecken werden in der Regel Zierhecken verstanden, die gewöhnlich sowohl einen ästhetischen Aspekt aufweisen, als auch Grundstücke von anderen abgrenzen sollen. Sie werden mittels einer Heckenschere in Form geschnitten. Kräftig wachsende Heckenpflanzen wie Liguster, Thuja, Zypresse und Scheinzypresse werden mehrfach im Sommer geschnitten. Weniger starkwüchsige Gehölze wie Eibe oder Buchsbaum benötigen nur einen Schnitt im Spätsommer. Sommergrüne können auch im Herbst oder Frühjahr geschnitten werden. Das Herbstlaub der Hainbuchenhecken verbleibt oft bis zum Frühjahr an den Pflanzen. Um eine ausreichende Belichtung der Heckenpflanzen sicherzustellen, sollte ihr Durchmesser im unteren Bereich größer sein als im oberen.

Im Zaum halten

Zierpflanzen und Obstgehölze werden beschnitten, um ihren Wuchs zu begrenzen, um die Blüten-, gegebenenfalls auch Fruchtbildung zu beeinflussen und um ein ästhetisches Erscheinungsbild zu erzielen. Rosen erhalten einen Pflegeschnitt, um ihre Wuchskraft anzuregen, ihre Gesundheit zu fördern und um sie zu einer reichen Blütenbildung zu veranlassen.

Junge Gehölze, insbesondere Obstgehölze und Veredlungsunterlagen, werden unterschnitten. Hierbei kappt man mit speziellen Schneidevorrichtungen und Geräten die Wurzeln in der Erde. Die verbleibenden Wurzeln bilden nun viele Faserwurzeln, welche wiederum das erfolgreiche Verpflanzen (Verschulen) erleichtern. Auch Pfahlwurzeln werden gekappt. Wer in seinem Garten Wurzelstöcke oder Obstpflanzen für den Eigenbedarf anzieht, kann zum Unterschneiden auch einen Spaten zu Hilfe nehmen oder die Pflanzen während der Vegetationsruhe ausgraben, zurückschneiden und wieder einpflanzen. Weinreben werden durch einen Pflegeschnitt zu gesundem, kräftigem Wuchs angeregt und die Rebenbildung sowie die Größe der Traubenfrüchte wird gefördert. Auch Schnittmaßnahmen zur Verkehrssicherung und zur Verringerung der Kronenhöhe – vornehmlich an Bäumen – fallen unter den Pflegeschnitt. Und schließlich erlangt auch ein englischer Rasen sein typisches Aussehen überwiegend durch einen regelmäßigen Pflegeschnitt.

HÄUFIGE FEHLER

Müssen dickere Äste entfernt werden, sollten sie nicht parallel zum Stamm abgesägt werden, sondern leicht angewinkelt. Anderenfalls entstehen große Wunden, deren Heilung sehr lange dauern kann oder gar nicht vollständig erfolgt. So verbleiben Eintrittsöffnungen für Schädlinge – insbesondere Pilzsporen, aus denen sich zerstörerisch wirkende Pilzkulturen entwickeln können.

Der Ernteschnitt

Wenn dies auch nicht Thema dieses Buches ist, soll doch ein kurzer Hinweis auf Schnittmaßnahmen nicht fehlen, die der Ernte von Pflanzenteilen dienen. Solch ein Ernteschnitt wird vielfach angewandt, hier nur einige Beispiele:

Eibe *(Taxus baccata)* Aus den Inhaltsstoffen geschnittener einjähriger Triebe gewinnt man ein hoch wirksames Medikament.
Teebaum *(Melaleuca alternifolia)* Aus den Blättern und jungen Trieben wird das bekannte Teebaumöl gewonnen.
Zuckerpflanze *(Stevia rebaudiana)* Aus ihr wird das im Vergleich zu herkömmlichem kalorienreichen Zucker 300-mal süßere kalorienfreie Steviosid gewonnen. Dieser pflanzliche Süßstoff hat bereits in Ländern, in denen er als Nahrungsmittel bzw. als Nahrungsergänzungsmittel zugelassen ist, Süßstoffe aus chemischer Herstellung vielfach verdrängt.
Passionsblume *(Passiflora incarnata)* Aus den Inhaltsstoffen dieser Rankpflanze wird übrigens ein sehr wirkungsvolles Beruhigungsmittel gewonnen.
Gras Die Wiesenmahd ist Grundlage der Heugewinnung, einem unverzichtbaren Viehfutter.

Der Wundverschluss

Schnittwunden an Ästen werden in der Regel nicht mit einem Wundverschlussmittel verstrichen, weil durch dieses Verfahren die Kallusbildung nicht gefördert wird und unter der aufgetragenen Schicht Schäden durch Pilzinfektionen oder Fäulnisbildung eintreten können. Hingegen muss eine Wunde mit Baumwachs oder einem anderen Wundverschlussmittel abgedeckt werden, wenn eine Verdunstung verhindert werden soll. Das ist der Fall beim Veredeln und Pfropfen einer Vielzahl von Gehölzen sowie beim Baumschnitt von empfindlicheren Gehölzen, wie beispielsweise Pfirsichen und Aprikosen.

Nach neuen Erkenntnissen ist es ratsam, zum Verschließen frischer großer Baumverletzungswunden schwarze Folie zu verwenden. Diese wird auf den nicht weiter behandelten Wundbereich gelegt und soll gut 3 cm über den Wundrand hinausreichen. Die Folie wird mit Heftklammern oder Stiften in der Borke befestigt. Unter dem Schutz der Folie setzt eine Flächenkallusbildung ein, womit die Wunde schließlich abheilt. Dieses Verfahren wird angewandt bei Baumverletzungen, die aus Unfallschäden resultieren. Sind keine teilungsfähigen Zellen mehr vorhanden, wie es bei sauber abgesägten und nachgeschnittenen Ästen der Fall ist, erfolgt eine Überwallung von der Seite. Hier ist eine Folienabdeckung nicht erforderlich.

HÄUFIGE FEHLER

Entgegen der früheren Betrachtungsweise ist es aus heutiger Sicht nach neuen wissenschaftlichen Erkenntnissen nicht von Vorteil, größere Schnittwunden komplett mit einem Wundverschlussmittel zu behandeln.

Klappsäge zum Entfernen mittelstarker Äste.

Die Schnittgesetze

Nur wer die wichtigsten Schnittgesetze kennt, wird Pflanzen korrekt beschneiden können. Die Schnittgesetze sind im Prinzip anwendbar auf alle Pflanzen. Es ist daher zu empfehlen, sich diese einzuprägen.
Jede Schnittmaßnahme ist ein erheblicher Eingriff in die Physiologie der Pflanze und hat Auswirkungen auf den Wuchs.
Wird auf die Pflanze ein Reiz ausgeübt, reagiert sie darauf mit bestimmten Bewegungen, Tropismen genannt. Durch diese Reizbewegungen erfolgt eine bestimmte Ausrichtung im Raum. Solche Bewegungen werden in erster Linie durch die Schwerkraft und durch das Licht ausgelöst. Die Schwerkraft ist auch maßgebend dafür, dass der Wuchs der Hauptwurzel (Pfahlwurzel) ins Erdinnere erfolgt und die oberirdischen Pflanzenteile nach oben dem Licht entgegenstreben.
Unter Plagiotropismus versteht man den Wuchs einer Pflanze in einem bestimmten Winkel zur Reizrichtung, wie die Seitenverzweigung einer Pflanze oder der senkrechte Wuchs an einem Hang. Viele weitere Tropismen beeinflussen den Wuchs der Pflanze.

Wer die Schnittgesetzte kennt, kann nicht viel falsch machen.

IMMER MIT DER RUHE

So viel Zeit muss sein: Schauen Sie sich die für Schnittmaßnahmen ausgewählte Pflanze genau an und überlegen Sie, was Sie letztendlich erreichen möchten und welches die dafür geeigneten Maßnahmen sind.

Die Techniken

Sie können durch entsprechende Schnittmaßnahmen den später erfolgenden Wuchs beeinflussen. Nachdem Sie festgelegt haben, was Sie durch die vorgesehenen Schnittmaßnahmen erreichen möchten, müssen Sie sich daher für eine oder mehrere Möglichkeiten des Schnittes entscheiden.

Basisförderung

Unter Basisförderung versteht man den Aufbau bzw. die Erneuerung einer Pflanze durch Neuaustrieb aus dem unteren Bereich bzw. durch die Bildung von Schösslingen. Typische Vertreter solcher Pflanzen sind Kirschpflaumen *(Prunus cerasifera)*, Stachel- und Johannisbeeren *(Ribes* spec.*)*, der Schmetterlingsstrauch *(Buddleia* spec.*)* und Oleander *(Nerium oleander)*. Solche Pflanzen können zum Neuaufbau stark zurückgeschnitten werden.

Spitzenförderung

Die am höchsten stehende Knospe (Endknospe) eines nach oben wachsenden Triebes weist eine besonders starke Triebkraft auf. Hierdurch wird der Austrieb tiefer liegender Knospen gehemmt. Je tiefer eine Knospe liegt, desto stärker wirkt sich die Triebhemmung aus.

Spitzenförderung

Oberseitenförderung

Bei waagerecht oder fast waagerecht stehenden Ästen werden alle sich an der Oberseite des Triebes befindenden Knospen gefördert. Allerdings verteilt sich der Saftdruck auf alle Knospen, sodass der Austrieb weniger stark stattfindet und dadurch das generative Wachstum in den Vordergrund tritt – die Bildung von Blüten und Früchten. Dieses Phänomen macht man sich im Obstbau durch das Herabbinden von Ästen und entsprechende Schnittmaßnahmen zunutze.

Scheitelpunktförderung

Biegen sich Zweige – insbesondere längere – nach unten, wird der Wuchs der im Scheitelpunkt stehenden Knospen am stärksten gefördert. Diese Erscheinung ist oft an mehrjährigen Obstbäumen zu beobachten, die nie beschnitten wurden. Setzt an der Triebspitze nach der Blüten- die Fruchtbildung ein, zieht das zunehmende Gewicht den Trieb herunter. Zumeist werden im folgenden Jahr die oben stehenden Knospen (um den Scheitelpunkt) austreiben. Der dadurch verursachte typische Wuchs ist in der Regel bei Obstgehölzen unerwünscht.
Beim Baumschnitt sollten deswegen überalterte Triebe auf jüngere, um den Scheitelpunkt wachsende Triebe zurückgeschnitten werden.

Auf einen Blick

1. Starker Rückschnitt verursacht einen starken Neuaustrieb. Wenige Knospen treiben kräftig aus.
2. Schwacher Rückschnitt verursacht einen schwachen Neuaustrieb. Viele Knospen treiben wenig aus, Förderung des Entstehens von Fruchtholz.
3. Bei ungleich geschnittenen Kronen dominiert die Spitzenförderung. In diesem Fall treiben die weniger zurückgeschnittenen, höher stehenden Triebe kräftiger aus als die stärker geschnittenen.
4. Sommerlicher Schnitt bremst zu starken Wuchs.
5. Schnittmaßnahmen im Winter fördern den Wuchs.

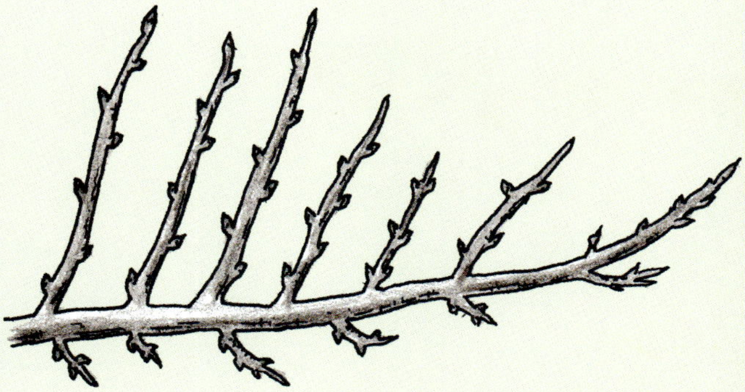

Oberseitenförderung

Scheitelpunktförderung

Die Saftwaage

Werden die Triebe einer Krone gleichmäßig und auf gleiche Höhe zurückgeschnitten, spricht man von der Saftwaage – auch der Austrieb erfolgt dann entsprechend gleichmäßig. Diese Tatsache ist wichtig zur Förderung des gleichmäßigen Aufbaus von Leitästen und deren Verlängerung. Unter Berücksichtigung der Saftwaage können ältere Bäume mit einem schlechten Kronenaufbau oft noch durch entsprechende Schnittmaßnahmen zu ansehnlichen, gut tragenden Obstbäumen erzogen werden.

Saftwaage

Werkzeuge

Um gute Schnittergebnisse zu erzielen, sollte geeignetes Werkzeug zur Verfügung stehen. Der Kauf im Fachhandel ist am sichersten. Es ist davon abzuraten, die Kaufentscheidung ausschließlich nach dem Preis zu treffen.

WICHTIG ZU WISSEN

Es zahlt sich immer aus, qualitativ hochwertiges und für den Zweck vorgesehenes Werkzeug zu verwenden. Der Anschaffungspreis sollte für die Kaufentscheidung nicht allein ausschlaggebend sein.

Die Garten- oder Baumschere

Die Schere ist das wichtigste Werkzeug zum Beschneiden von Pflanzen. Mit ihr lassen sich im Allgemeinen Zweige bis zu einer Dicke von etwa 1,5 bis 2 cm sauber durchtrennen. Somit kann der überwiegende Teil des Beschneidens von Pflanzen mit einer Gartenschere vorgenommen werden. Sollten die Äste dicker sein, ist eine Astschere zu verwenden. An der Gartenschere soll man nicht sparen. Eine gute Schere kostet nicht selten das Zehnfache einer billigen und weniger guten.

Bei schlechten, ungeeigneten Gartenscheren drücken sich die Klingen während des Schneidevorganges oft mehr oder minder stark auseinander. Dadurch erfolgt kein sauberer und glatter Schnitt, sondern ein Auseinanderreißen oder Zerquetschen des Schnittgutes.

Ist zum Schneiden ein stärkerer Druck auf die Griffe erforderlich, können bei Billigscheren die Handgriffe einfach abbrechen und Handverletzungen verursachen. Und schließlich besteht der Feststellhebel bei diesen Scheren entweder aus Kunststoff, der häufig bereits nach kurzem Gebrauch bricht und damit die Schere völlig unhandlich macht, oder der Feststellhebel besteht aus einem angeschraubten Metallstück, das sich innerhalb kurzer Zeit löst und seine Funktion als Feststellhebel nicht mehr wahrnehmen kann.

HÄUFIGE FEHLER

Nicht vergessen: Nach dem Gebrauch Schneidwerkzeuge nicht einfach weglegen. Ein sorgfältiges Reinigen ist notwendig. Auch eine Desinfektion, z.B. in reinem Alkohol (Brennspiritus), ist angeraten.

Ambossscheren

Beim Beschneiden von Pflanzen mit Ambossscheren besteht die Gefahr, dass Quetschungen am Zweig entstehen. Hingegen ist dieses Werkzeug zum Schneiden dickerer Äste gut geeignet. Die Schere erweist sich auch dann als besonders vorteilhaft, wenn trockenes, totes Holz geschnitten werden soll, denn dieses ist weitaus fester und härter als lebendes. Hierbei ist die Ambossschere der vorgenannten Gartenschere bei weitem überlegen.
Gartenscheren sind in Form und Funktionalität ausgelegt für Rechtshänder. Qualitativ hochwertige werden gewöhnlich auch als Linkshändermodelle angeboten.

Entscheidend ist die Qualität und Pflege des Werkzeugs.

Gutes Werkzeug ist erste Voraussetzung zum optimalen Beschneiden von Pflanzen.

Die Astschere

Dieses Werkzeug unterscheidet sich von der Gartenschere durch längere Griffe und kräftigere Klingen. So kann eine größere Kraft übertragen werden. Astscheren eignen sich auch, um einzelne Triebe von Sträuchern bis auf den Grund zurückzuschneiden. Ebenso lassen sich Sträucher mit Dornen oder Stacheln einfacher beschneiden. Als Nachteil muss die Qualität des Schnittes angesehen werden, weil hier leicht Quetschungen bzw. Schäden an Rinde und Holzteil verursacht werden können. Wenn möglich, sollte mit einem geeigneten Messer, zum Beispiel einer scharfen Hippe, nachgeschnitten werden.

Besonders mit scharfen Klingen ist Vorsicht geboten!

IMMER MIT DER RUHE

Vorsicht beim Gebrauch der Werkzeuge. Ruhe bewahren, keine Hektik, denn ordentlich geschliffene Klingen sind sehr scharf und können bei unsorgfältigem Umgang zu Verletzungen führen. Kinder von Gartenwerkzeugen stets fernhalten.

Sicheres Arbeiten mit scharfem Schneidwerkzeug.

Die Astsäge

Für Äste bis zu etwa 10 cm Durchmesser eignen sich übliche Klapp- und Astsägen bestens. Scharfe Zähne gewährleisten einen sauberen Schnitt. Dickere Äste werden besser mit einer Bügelsäge entfernt, die speziell für den Baumschnitt vorgesehen ist. Das um 60 cm lange Sägeblatt sollte verstellbar sein. Feinzahnige Sägeblätter ermöglichen einen saubereren Schnitt, allerdings ist das Sägen mühsamer.
Soweit möglich, sollten die Sägewunden mit einem scharfen Messer sauber nachgeschnitten werden.

Die Hippe

Mit diesem Messer können unerwünschte Triebe direkt am Stamm sauber abgeschnitten werden, einschließlich schlafender Augen (Beiaugen).
Die Schnittqualität einer scharfen Hippe ist mit einer Schere kaum zu erreichen. Auch das Sauberschneiden größerer Wunden und abgesägter Äste wird mit einer Hippe vorgenommen. Kleine bzw. leichte Hippen werden für kleinere Schnitte verwandt, ansonsten ist die schwere Hippe das geeignete Werkzeug.

Weitere Werkzeuge und Materialien

Kopuliermesser werden zur Pflanzenveredlung verwendet. Diese Messerart ist für die Durchführung von Veredlungsarten mit Edelreisern geeignet. Dazu zählen Kopulationsverfahren wie die einfache Kopulation, das Anplatten, das Rinden-, Geißfuß- und Spaltpfropfen sowie das Veredeln krautartiger Pflanzen.

Veredlungsmesser

Auch Okuliermesser sind Veredlungsmesser. Hiermit werden sommerliche Augenveredlungen durchgeführt, Okulationen genannt. Ebenso ist das Chipveredeln (Chippen, Chip-budding) eine besondere Art des Augenveredelns. Mit Veredlungsmessern sollten keine anderen Arbeiten durchgeführt werden.
Ein Baumkratzer ist ein Werkzeug zur Stammpflege. Mit ihm entfernt man Rindenschuppen vom Stamm. Auf diese Weise wird Schädlingen die Eiablage unter abgestorbenen Rindenteilen verwehrt und eventuell weitere notwendige Schädlingsbekämpfungsmaßnahmen werden reduziert.

EINKAUFSLISTE

Die Grundausstattung

Diese Werkzeuge und Materialien benötigt man zum Gehölzschneiden:

- Gartenschere (Baumschere)
- Astschere
- Astsäge
- Hippe
- Abziehstein
- Wundverschlussmittel (Baumwachs)

Messer schärfen

Das Schärfen der Messer und Scheren erfolgt mittels eines speziellen Abzieh- oder Wetzsteines. Über diesen Stein wird das zu schärfende Werkzeug in flachem Winkel und kreisenden Bewegungen gezogen.
Sehr feine Abziehsteine sind die sogenannten Belgischen Brocken, vielkantige ebene Steinstücke aus den belgischen Ardennen bei Vielsalm, gelegen zwischen Bitburg und Lüttich. Hierbei handelt es sich um graugelbe Sedimentgesteine aus vulkanischen Tonen und Aschen sowie einer sehr großen Anzahl feinster Granate, die verantwortlich sind für die besonders guten Schleifeigenschaften. Sie geben den Messern den letzten Schliff und entfernen eventuell verbliebene Grate von zuvor verwendeten, etwas gröberen Schleifsteinen.

Werkzeugpflege

Werkzeuge müssen gepflegt werden, um sie lange in bestem Zustand und einsatzfähig zu erhalten. Nach jeder Arbeit sind sie zu reinigen. Die Klingen von Messern und Scheren sollten zudem bei Bedarf fachgerecht nachgeschliffen werden. Alle Metallteile ölt man vor einer längeren Lagerung, um Korrosionen zu vermeiden. Geeignet hierfür ist ein nicht harzendes Nähmaschinen- oder Waffenöl. Rostige Schneiden kann man nur selten retten, weil der Rost die Klingen regelrecht zerfrisst.

WICHTIG ZU WISSEN

Bei längerer Lagerung bzw. Nichtbenutzung sollten die Metallteile der Werkzeuge mit einem nicht harzenden Öl eingeölt werden.

Schleifstein, ideal zum Messer schärfen.

Obstbäume schneiden

Der Schnitt von Kernobst

Den weitaus überwiegenden Teil unserer Obstbäume kann man in zwei Gruppen aufteilen: in Kernobst und in Steinobst. Zu den Kernobstarten zählen in erster Linie Arten der Gattungen *Malus* (Apfel), *Pyrus* (Birne), *Cydonia* (Quitte) und *Chaenomeles* (Scheinquitte). Seltener anzutreffen sind *Mespilus* (Mispel) und *Sorbus* (z. B. *S. domestica*, Speierling und *S. aucuparia*, Eberesche). Kernobstfrüchte sind sogenannte Scheinfrüchte. Sie entstehen nach erfolgreicher Bestäubung durch den emporwachsenden Blütenboden. Aus botanischer Sicht handelt es sich um eine Sammelbalgfrucht, bestehend aus fünf verwachsenen Balgfrüchten mit dem jeweiligen Anteil am Kerngehäuse. Sehr deutlich sind die fünf Balgfrüchte an dem seltenen, aber noch existierenden, über 500 Jahre alten Sternapfel (Api) zu erkennen. An diesem recht kleinen Apfel sind die einzelnen Früchte in Form eines fünfzackigen Sternes noch deutlich ausgeprägt. Die auf den folgenden Seiten beschriebenen Schnittmaßnahmen und -techniken gelten im Wesentlichen auch für Steinobst.

Allgemeine Grundlagen

Junge Kern- und Steinobstgehölze werden in der Baumschule gerodet und anschließend eingeschlagen, um sie später zu verkaufen oder zu verschulen. Einschlagen bedeutet, den Wurzelbereich der ausgegrabenen Pflanzen in einen zuvor ausgehobenen Graben schräg einzustellen und mit Erde abzudecken. So sind die empfindlichen Wurzeln vor dem Austrocknen geschützt und die Gehölze können bei Bedarf ganz einfach aus dem Boden genommen werden.

Wurzeln zurücknehmen

Bis zu ihrer Rodung wurde die Pflanze durch ihre gesamte Wurzelmasse mit Was-

Alter unbeschnittener Apfelbaum mit leuchtenden Apfelblinkern.

ser und Nährstoffen versorgt. Jetzt können Wurzelteile durch das Ausgraben abgetrennt, abgebrochen oder andersartig beschädigt sein.
Außerdem ist die Pflanze durch das Ausgraben einem erheblichen Stress ausgeliefert. Daher werden vor dem erneuten Einpflanzen dickere und beschädigte Wurzeln zurückgeschnitten und somit angeregt, feine Faserwurzeln zu bilden, die für die Nährstoffversorgung wichtig sind. Weil die Pflanze mit der verkleinerten Wurzelmenge nicht mehr in der Lage ist, den oberirdischen Teil in seiner Gesamtheit optimal zu versorgen, ist es notwendig, auch hier einen Rückschnitt vorzunehmen. So wird das Gleichgewicht zwischen Wurzel und Krone wiederhergestellt. Außerdem soll der Kronenschnitt die Pflanze zum gewünschten Austrieb und Kronenaufbau veranlassen.

Der Kronenaufbau

Im Obstbau versteht man unter Büschen kleine Bäume, die sich in einer Höhe von etwa 40 bis 60 cm verzweigen und dort eine Krone bilden. Die Krone entspricht gewöhnlich der eines Halb- oder Hochstammes, nur ist sie insgesamt kleiner.
Ein Buschbaum ist also nicht zu verwechseln mit einer Pflanze, die buschig bzw. strauchartig wächst, wie z. B. eine Johannis- oder Apfelbeere. Aussagekräftiger für diese Baumform wäre eigentlich die frühere Bezeichnung Viertel- oder Meterstamm.

WICHTIG ZU WISSEN

Die Bedeutung des Pflanzschnittes liegt also einerseits in der Förderung des Anwachsens durch den Ausgleich von Wurzel- und Kronenmasse, zum anderen in der Durchführung erster Maßnahmen zur gewünschten Formgebung der Pflanze.

WICHTIG ZU WISSEN

- **Buschbaum:** Stammhöhe 40 bis 60 cm
- **Halbstamm:** Stammhöhe 1,20 m
- **Hochstamm:** Stammhöhe ab 1,80 m

Schnitt eines Buschbaums

Schnitt eines Buschbaumes, der gewöhnlich im Winter vorgenommen wird.

Erstes Jahr Mitteltrieb auf etwa 60 bis 70 cm zurückschneiden, das oberste Auge möglichst zur Okulationsstelle weisend.

Zweites Jahr Die mittlere Stammverlängerung etwa 15 cm über drei bis vier ausgewählten zukünftigen Leitästen anschneiden. Weitere Verzweigungen bis auf Astring abschneiden. Die Leitäste sollen in einem Winkel von etwa 45 bis 90° zur Stammverlängerung stehen. Der Einbau von Spreizhölzern kann ratsam sein. Die ausgewählten Leitäste um gut ein Drittel ihrer Länge auf ein nach außen weisendes Auge zurückschneiden, dabei auf Saftwaage achten, damit ein harmonischer Kronenaufbau erfolgt. Hat sich ein Konkurrenztrieb gebildet, wird er bis auf den Astring entfernt.

Schnittmaßnahmen wollen geplant sein, es empfiehlt sich, ein Gartentagebuch zu führen.

Drittes und folgende Jahre Den letztjährigen Austrieb der Stammverlängerung bzw. des höchststehenden Leittriebes um etwa ein Drittel zurücknehmen, ebenso die übrigen Leittriebe. Konkurrenztriebe und in die Krone wachsende Triebe entfernen. Von den Leitästen senkrecht nach oben wachsende Triebe („Reiter") entfernen. Steil stehende Seitentriebe gegebenenfalls herunterbinden. Nach ungefähr sechs Jahren ist der Aufbau der Krone abgeschlossen. Jetzt ist es wichtig, in die Krone wachsende Triebe rechtzeitig zu entfernen, ebenso über dreijähriges, nach unten wachsendes Holz. Fruchtäste werden auf kräftige Reiter zurückgeschnitten, so kann neues Fruchtholz entstehen.

Spindelbaum

Diese Baumform ist besonders empfehlenswert für kleine Gärten. Hier sind zumeist keine großen Baumformen gewünscht, sondern eher klein bleibende und früh fruchtende. Der Hauptunterschied zwischen Spindelbüschen und Büschen sowie Hoch- und Halbstämmen ist das Fehlen von Leitästen bei den Spindeln. Das wird erreicht durch entsprechende Schnittmaßnahmen. Durch den Erziehungsschnitt wird ausschließlich die Bildung von Fruchtruten gefördert. Der Ertragsbeginn solcher Bäume setzt schon früh ein und kann noch beschleunigt werden, wenn verbleibende hoch wachsende Triebe heruntergebunden werden. Spindelbäume sind nicht so langlebig wie Büsche oder Stämme – auch deshalb, weil sie gewöhnlich auf schwachwüchsigen Unterlagen veredelt sind.

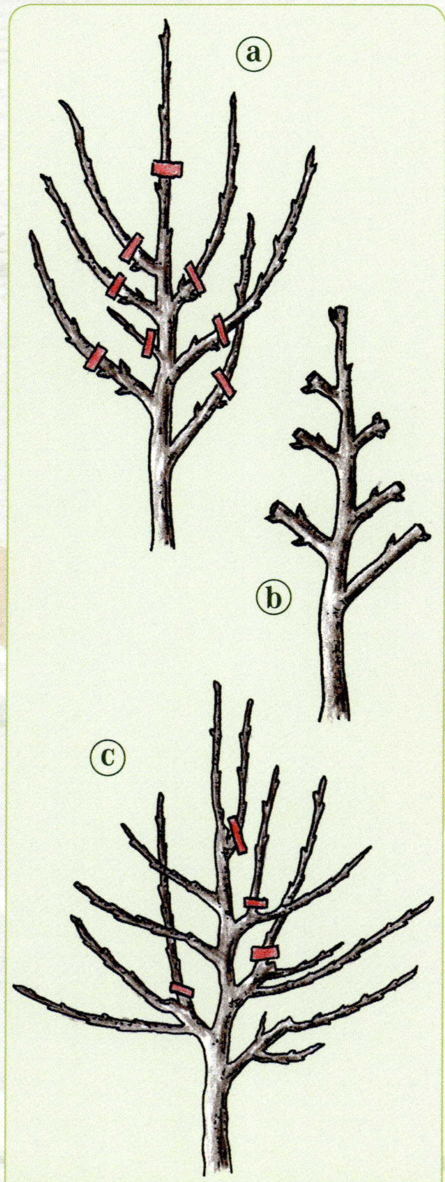

Spindelbaum

Obstbäume können auf vielerlei Art erzogen werden.

Schnitt eines Spindelbaums

Im ersten Jahr wird der Mitteltrieb einer einjährigen Veredlung um etwa ein Drittel zurückgeschnitten (a), vier bis sechs Triebe einer eventuell bereits vorhandenen seitlichen Garnierung werden kurz geschnitten, die oberen kürzer als die unteren.

Im Folgejahr werden sämtliche Konkurrenztriebe entfernt. Steil aufschießende Triebe werden heruntergebunden, wenn die Pyramidenform und der gewünschte Spindelaufbau es zulassen, anderenfalls werden sie entfernt. Ein Rückschnitt der Triebe ist zum jetzigen Zeitpunkt nicht erforderlich (b).

Triebspitzen älterer Spindelbüsche werden auf nach außen weisende Augen angeschnitten, damit neben der Fruchtholzbildung auch das Triebwachstum angeregt wird. Zum Mitteltrieb wachsende Austriebe entfernt man (c).

Säulen- oder Stabbaum

Säulen- oder Stabbäume sind einer Spindel ähnlich, nur mit dem Unterschied, dass die sehr kurzen Seitenzweige aus Fruchtholz bestehen und so der für diese Baumform

WICHTIG ZU WISSEN

Winterschnitt fördert die Wuchskraft, Sommerschnitt bremst sie. Eine günstige Zeit für einer Sommerschnitt wäre der August.

typische Habitus entsteht. Die Ausbildung dieser Wuchsform ist überwiegend genetisch bedingt. Ein Elter vieler solcher Apfelbaumformen ist die Sorte 'McIntosh'. Auch sogenannte Spurtypen anderer Obstarten weisen diese Wuchscharakteristik auf. Durch Schnittmaßnahmen können einige weitere auf schwachwüchsigen Unterlagen veredelte Sorten, z. B. die 'Nashi Kosui', zu einem vergleichbaren Wuchsverhalten veranlasst werden. Hierbei werden die vom Mitteltrieb ausgehenden Seitentriebe auf zwei bis drei Augen zurückgeschnitten. Die sich daraus entwickelnden neuen Triebe werden ebenso beschnitten. Es bilden sich dann bereits häufig Blütenknospen.

Pillarbaum

Pillarbäume sind für den kleineren Garten optimal. Sie fruchten schnell, bleiben klein und können einfach beerntet werden. Ein Alternanzverhalten, darunter versteht man einen jährlich stark schwankenden Ernteertrag, verschiedener Kernobstsorten kann deutlich vermindert werden. Das Prinzip des Pillarbaumes beruht darauf, dass keine Leitäste angezogen werden, sondern nur ein- bis dreijährige Triebe, die man nach dem Tragen verjüngt.

Die richtige Unterlage

Es ist ratsam, einjährige Veredlungen zu pflanzen. Geeignet sind solche, die auf schwachwüchsigen Unterlagen stehen. Für Äpfel auf nährstoffreichen Böden sind M26 und MM106 geeignet, für magere Böden sollten Sorten auf etwas stärker wüchsigen Unterlagen verwandt werden wie M7, M4 oder M11. Die gelegentlich zu findende Empfehlung, bei guten Böden auf M9 veredelte Sorten zu pflanzen, bedingt meistens, den Baum dauerhaft an einen Pfahl oder an ein zu erstellendes Gerüst zu binden. Birnen und Quitten sollten auf Quitte A oder BA stehen.

Pillarbaum

Im Jahr der Pflanzung

Zur Pflanzung wird die einjährige Veredlung auf 80 cm zurückgeschnitten (a)(Seite 25). Nach einem Jahr nimmt man den Neuaustrieb um ein Drittel zurück. Von den Seitentrieben werden vier bis sechs gut ausgebildete, möglichst gleichmäßig verteilte ausgewählt und unbeschnitten stehen gelassen. Der oberste Trieb und alle übrigen werden auf zwei Augen zurückgeschnitten. Ist die seitliche Garnierung spärlicher ausgefallen, reicht es, drei Triebe unbeschnitten stehen zu lassen (b) (Seite 25).

Schwachwüchsiger Apfelbaum

Nach zwei Jahren

Der Neuaustrieb des Mitteltriebes wird um gut ein Drittel zurückgenommen. Aus den Stummeln mit den zwei Augen sind jetzt zumeist jeweils zwei Triebe gewachsen. Hiervon wird der höher liegende wiederum auf zwei Augen zurückgeschnitten, der andere, kräftigere, bleibt unbeschnitten. Die im Vorjahr nicht beschnittenen Triebe sind jetzt zu zweijährigen geworden, die Blütenknospen gebildet haben (c) (Seite 25).

Nach drei Jahren

Die jetzt dreijährigen Triebe haben geblüht und gefruchtet und werden nun auf Stummel mit zwei Augen zurückgeschnitten. Die jetzt zweijährigen Triebe haben Blütenknospen angesetzt und bleiben unbeschnitten. Die im Vorjahr auf zwei Augen zurückgeschnittenen haben zwei kräftige Triebe ausgebildet, wovon einer wieder auf Stummel zurückgeschnitten wird. Der Kreislauf des Beschneidens setzt sich zukünftig entsprechend fort und es werden keine Leitäste ausgebildet. Pillarbäume können in einem Abstand von etwa 1,50 m gepflanzt werden (d) (Seite 25).

Unterlagen

Mit Ausnahme der genetisch bedingt schwachwüchsigen Obstbaumsorten stehen Obstbaumbüsche zumeist auf einer schwächer wüchsigen Veredlungsunterlage. Die wichtigsten Unterlagen für Apfelbäume sind, in Reihe abnehmender Wüchsigkeit: Apfelsämling, A2, M1, M2, M4, M7, MM106, M26, J9, M9, M27.

Apfelsämlingspflanzen werden aus Kernen bestimmter Sorten wie 'Grahams' oder 'Bittenfelder' angezogen. Bei den A- und M-Unterlagen handelt es sich um sogenannte Typen, die ausschließlich aus vegetativer Vermehrung stammen – wozu hier auch die Meristemvermehrung gezählt wird. Meristemzellen aus Sprossspitzen besitzen die Fähigkeit, durch Differenzierung neue identische Pflanzen zu bilden. Unter sterilen Bedingungen und auf einem geeigneten Nährmedium bei definiertem Kulturablauf bilden sich Blatt- und Wurzelanlagen. Die Zellkultur in einem Glasgefäß wird auch In-vitro-Kultur genannt. Auf diese Weise lassen sich schnell zahlreiche identische Pflanzen anziehen.

Asiatische Birnen

Bei den Unterlagen für Birnen und Nashis, einer Birnenart aus Asien, ist die Auswahl weitaus kleiner. Hier sind üblich der Birnensämling, Quitte A und C sowie die aus In-vitro-Vermehrung stammende Pyrodwarf. Quitten und Mispeln werden auf Eberesche *(Sorbus aucuparia)*, Weißdorn *(Crataegus monogyna)* und Quitte *(Cydonia oblonga)* veredelt.

ALLERHÖCHSTE ZEIT

Wer seine Obstgehölze selbst durch Veredeln anziehen möchte, sollte dafür die Zeit der Winterruhe auswählen. Dann ist es recht einfach, Kern- und Steinobst selbst anzuziehen.

Viertel-, Halb- und Hochstämme

Die Bezeichnung Viertelstamm ist veraltet und wird heute kaum noch verwandt. Man bezeichnete damit Bäume, deren Stammlänge zwischen der eines Busches und eines Halbstammes lag. Ein Halbstamm hat eine Höhe von etwa 1,20 m, ein Hochstamm von mindestens 1,80 m.

Stammformen

Obstbäume können mit unterschiedlichen Stammhöhen angezogen werden. Einige Obstarten und -sorten bilden jedoch keine geraden Stämme, andere weisen eine Empfindlichkeit gegenüber starken Frösten oder Krankheiten wie Obstbaumkrebs auf. In diesen Fällen wird verschiedentlich eine Stammbildnersorte auf den Wurzelstock okuliert. Darauf wird, nachdem die gewünschte Stammhöhe erreicht ist, die Edelsorte veredelt, gewöhnlich durch die Technik der Kopulation.

Bei auf diese Weise angezogenen Gehölzen muss, ebenso wie bei anderen Kronenveredlungen, beim Beschneiden darauf geachtet werden, dass bei starkem Rückschnitt nicht die komplette Edelsorte weggeschnitten wird. Das gilt besonders dann, wenn die Veredlungsstelle wegen guten Verwachsens und gleicher Rindenfarbe nicht ohne Weiteres erkannt wird.

Stammbildner

Apfelsorten (z. B. 'Jakob Lebel', 'Weißer Winterkalvill')	**Stammbildner** Maunzenapfel
Birnensorten	Kirchensaller Mostbirne
Quittenbirne (Pyronia veitchii)	Kirchensaller Mostbirne
Quitten	Eberesche
Deutsche Mispel	Eberesche, Kirchensaller Mostbirne
Apfelbeere	Eberesche

Unterschiedliche Stammhöhen gewähren, dass für jede Gartengröße ein passender Baum gefunden werden kann.

Schnittmaßnahmen bei Steinobst

Hinsichtlich der auszuführenden Schnittmaßnahmen zum Kronenaufbau bei Steinobst sind die gleichen Regeln wie oben genannt zu beachten. Wegen der oft ausgeprägteren Verzweigung bei Steinobstarten können allerdings auch vier bis sechs Leitäste aufgebaut werden.

Regelmäßig gepflegte und geschnittene Obstbäume bringen mehr Ertrag.

Pflaumen

Im Unterschied zu Kernobstarten bilden Pflaumen viele Zweige und Triebe in der Krone, sodass es zur Förderung einer guten Fruchtqualität ratsam ist, die Kronen zu überwachen und durch Schnittmaßnahmen dafür zu sorgen, regelmäßig ins Innere wachsende, zu dicht stehende und alte, hängende sowie schwache Triebe zu entfernen. Konkurrenztriebe müssen auch entfernt werden, weil sie wegen des oft spitzen Winkels, in dem sie zueinanderstehen, bei Sturm und starkem Fruchtbehang bruchgefährdet sind. Auch würden sie eher weniger Früchte guter Qualität ausreifen lassen, als ein einzeln stehender Trieb mit besseren Wuchsbedingungen erbringen könnte.

Der Überwachungsschnitt

Durch das Anschneiden junger Triebe wird die Triebbildung gefördert. Das ist von Vorteil, weil aus älteren Knospen kaum noch eine Triebfähigkeit erwartet werden kann. Das ist auch der Grund dafür, dass gerade bei dieser Obstart Veredlungsreiser einjährig sein sollten. Ältere Reiser bringen oft keinen Anwachserfolg – im Gegensatz zu solchen von Kernobstsorten. Die Ausführung der genannten Schnittempfehlungen wird Überwachungsschnitt genannt. Wenn er jährlich jedes Jahr durchgeführt wird, hält sich der Aufwand in Grenzen.

Zwetschke

Pflaumenartige Obstgehölze

Hierzu zählen die Pflaumen *(Prunus domestica)*, auch Zwetschen, Zwetschgen oder Zwetschken, Japanische Pflaumen *(Prunus salicina)*, Mirabellen, Reneclauden, die (äußerlich) den Mirabellen ähnlichen Kirschpflaumen *(Prunus cerasifera)* und die aus gleicher Herkunft stammenden Blutpflaumen.

Süßkirschen

Süßkirschen *(Prunus avium)* benötigen nach dem Erziehungsschnitt, der aus dem Aufbau der Krone in gewünschter Höhe besteht, gewöhnlich keine weiteren umfangreichen Schnittmaßnahmen. Fortgeschnitten werden müssen zu dicht in der Krone wachsende sowie sich kreuzende und scheuernde Triebe. Bei Kirschen hat sich der Sommerschnitt bewährt, weil Schnittwunden dann noch abheilen können; hingegen wird der Kronenschnitt (Erziehungsschnitt) gewöhnlich im Frühjahr vor dem Austrieb vorgenommen.

Klein bleibende Kirschbäume

Klein bleibende Kirschbäume müssen auf schwachwüchsigen Unterlagen veredelt werden, weil es nicht möglich ist, starkwüchsige durch Schnittmaßnahmen dauerhaft klein zu halten. Schwächeren Wuchs induzierende Veredlungsunterlagen sind die neueren Züchtungen wie Gisela 5 und Weiroot, an weiteren wird geforscht. Schwächer als die häufig noch übliche Unterlage *Prunus avium* (Vogelkirsche) bzw. der davon abstammende Typ F12/1 ist Colt. Diese hat zudem den Vorteil einer ausgeprägten Wüchsigkeit sowie einer guten Affinität mit Süß- und Sauerkirschsorten. Inzwischen hat sich auch die notwendige Frosthärte bestätigt.

Sauerkirschen

Sauerkirschen *(Prunus cerasus)* wachsen schwächer als Süßkirschen. Eine für kleinere Baumformen zu empfehlende Unterlage ist Colt. Die früher häufiger verwendete *Prunus mahaleb*, die Steinweichsel, zeigt gelegentlich Unverträglichkeiten mit aufveredelten Sorten. Auch Bäume auf *Prunus avium* erreichen nicht solche Ausmaße wie bei Süßkirschen beschrieben.

Der Kronenaufbau erfolgt mit vier bis fünf gut gewachsenen, in unterschiedlicher Höhe gestaffelt stehenden Leitästen. Der Mittelleittrieb wird über dem obersten ausgesuchten Seitentrieb abgeschnitten.

Eine häufig angebaute und selbstfruchtende Sauerkirschsorte ist die Schattenmorelle. Sie weist allerdings einige Nachteile auf, was sicher dazu beigetragen hat, dass inzwischen der Anbau anderer Sorten zunimmt.

Sauerkirschen

WICHTIG ZU WISSEN

Fruchttriebe der Schattenmorellen verkahlen, wenn sie nicht regelmäßig geschnitten werden.

Peitschentriebe verhindern

Typisch für die Schattenmorelle ist, sofern kein spezieller Schnitt erfolgt, die Bildung von Peitschentrieben. Diese verkahlen und nehmen im Laufe der Jahre an Länge zu. Die Blütenbildung an den Spitzen nimmt ab, ebenso die Triebfähigkeit.

Daher ist es wichtig, die Leitäste ebenso wie junge Seitentriebe anzuschneiden. So wird die Pflanze immer wieder angeregt, neues Holz zu bilden. Zudem wird das Blühen und Fruchten gefördert, weil die Blütenbildung an vorjährigen Trieben erfolgt. Sind erst einmal lange Peitschen entstanden, werden sie bis zum Ansatz weggeschnitten oder – wenn vorhanden – auf Triebe oder Knospen im Bereich vor den verkahlten Langtrieben.

Pilzinfektionen vorbeugen

Auch wegen ihrer Anfälligkeit gegenüber Monilia ist ein regelmäßiger Schnitt empfehlenswert. Sind bereits erste Symptome dieser Pilzkrankheit sichtbar, ist unbedingt ein kräftiger Rückschnitt bis in gesundes Holz erforderlich.

Andere Sauerkirschsorten, wie die 'Koröser Weichsel' oder der Hybrid aus Süß- und Sauerkirsche, 'Königin Hortense', sind weitaus weniger anfällig und bilden auch keine peitschenartigen Langtriebe.

Blühender Kirschbaum

Pfirsiche und Nektarinen

Nektarinen *(Prunus persica, P. persica* var. *nucipersica)* sind hervorgegangen aus Pfirsichen. Sie werden allgemein angesehen als Mutation von Pfirsichen, die nunmehr eine glatte Oberfläche aufweisen.

Auf die Knospe achten

Pfirsiche bilden schon sehr frühzeitig Blütenknospen aus. So sind an einjährigen Zweigen oft neben Blatt- auch Blütenknospen anzutreffen. Allerdings, und das macht den Schnitt insgesamt etwas schwieriger, stehen Blütenknospen nicht nur für sich allein, sondern auch zu zweit oder zusätzlich zusammen mit einer Blattknospe. Erfolgt ein Schnitt über einer reinen Blütenknospe, wird der Trieb in Ermangelung eines Blattes nicht mehr ausreichend ernährt und trocknet zurück – bis zur Basis bzw. bis zu einem Blattansatz.

Pfirsich 'Galaxia' – ungewöhnliche flache Früchte.

Kronenaufbau

Gepflanzt werden gewöhnlich einjährige Veredlungen, die bereits kräftig garniert (verzweigt) sind. Den Mitteltrieb schneidet man auf etwa 80 cm über einer Seitenverzweigung zurück. Weitere drei bis vier gut verteilte Seitentriebe werden ausgesucht und um etwa die Hälfte bis zwei Drittel zurückgenommen. Auf diese Weise wird sich eine Hohlkrone entwickeln, die gerade bei etwas empfindlicheren Obstarten von Vorteil ist. Auch die Früchte innerhalb der Krone erhalten ausreichend Licht und können sich daher gut entwickeln.
Das Ziel weiterer Schnittmaßnahmen ist die Förderung der Fruchtbarkeit durch einen Neuaustrieb.

Besonderheiten beim Pfirsich

Wahre Fruchttriebe sind kräftige Triebe, die überwiegend jeweils drei Knospen neben-

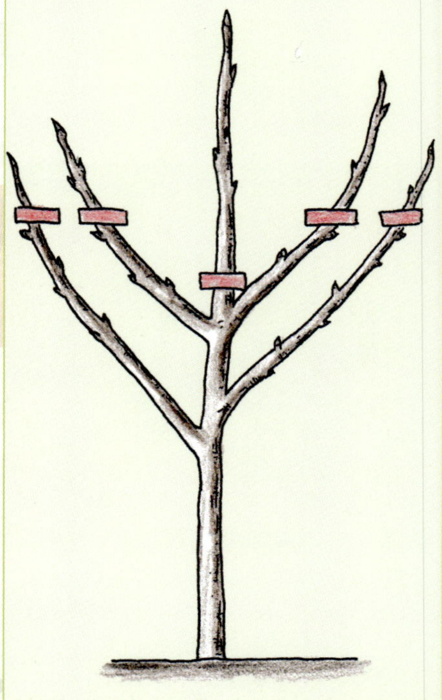

Hohlkrone

einander ausgebildet haben. Bei der mittleren handelt es sich um eine Blattknospe, die beiden äußeren sind Blütenknospen. Solche Triebe können auf vier bis fünf Knospengruppen geschnitten werden. Es werden sich mehrere Früchte und ein kräftiger Austrieb entwickeln.
Falsche Fruchttriebe sind zumeist recht dünn und bestehen, bis auf die oberste Knospe, ausschließlich aus Blütenknospen. Die Triebe sind zur Ausbildung von Früchten zu schwach und sollten bis auf die Basisblattknospe zurückgeschnitten werden.

Knospenarten beim Pfirsich

An kräftigen einjährigen Trieben bilden sich oft vorzeitige Triebe. Diese sind in der Regel für die Fruchtbildung wertlos und werden vollständig oder auf Basisknospen zurückgeschnitten.
Holztriebe besitzen einzelne Blattknospen. Sie werden vollständig oder auf die unteren zwei Knospen zurückgeschnitten.

Bukettriebe sind Ansammlungen von Blütenknospen (Blütenquirl) auf mehrjährigem Holz. Diese kann man stehen lassen.
Weil die Art der Blüten im Ruhestadium nicht immer sicher erkannt werden kann, schneidet man Pfirsiche häufig gleich nach der Blüte. Auch ein sommerlicher Schnitt nach der Ernte ist möglich.
Genetisch bedingt schwachwüchsige Pfirsich- und Nektarinensorten werden auf Stammunterlagen in unterschiedlichen Höhen veredelt. Sie benötigen keinen Schnitt.

IMMER MIT DER RUHE

Mit dem Beschneiden des Pfirsichbaumes kann bis zur Blüte gewartet werden, da es für den Laien schwierig sein kann, die Art der Knospen während der Vegetationsruhe zu erkennen.

Ein gutes Auge und Beobachten ist Voraussetzung für die richtigen Pflegemaßnahmen.

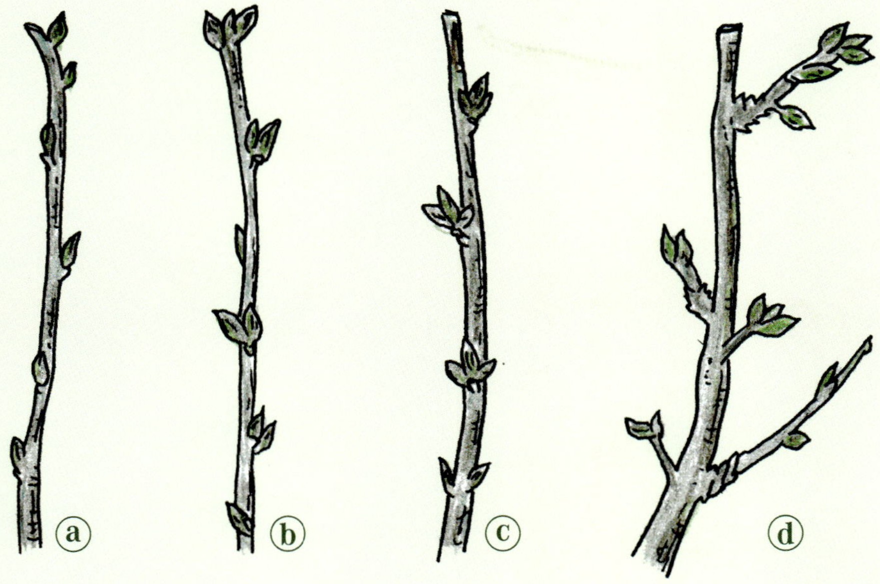

a: Trieb mit Blattknospen
b: Trieb mit überwiegenden Blütenknospen (Falscher Fruchttrieb)
c: Einjähriger Fruchttrieb mit Blatt- und Blütenknospen
d: Kurztriebe an mehrjährigem Holz

Aprikosen, Marillen

In Österreich, Tirol und einigen angrenzenden Gebieten sind Aprikosen *(Prunus armeniaca)* unter der Bezeichnung Marillen bekannt. Ihr Wuchs ist mit dem der Pfirsiche vergleichbar. Blüten und Früchte bilden sich in erster Linie an einjährigen Langtrieben und an Kurzsprossen, die ihren Ausgang auch von mehrjährigem Holz haben. Daher sollen Schnittmaßnahmen das Wachstum neuer Triebe fördern. Abgetragene Triebe und ältere Äste werden zurückgenommen. Nicht selten erreichen einjährige Triebe eine Länge von einem bis zu zwei Meter. Diese schneidet man dann im Sommer oder im Frühjahr zurück. Auch Wassertriebe, die sich im Inneren der Krone bilden, sowie weitere störende und Konkurrenztriebe werden eingekürzt oder fortgeschnitten.

Spalierobst kann man sogar im Kübel auf dem Balkon ziehen.

Vorteilhafte Wuchsform der Aprikose

Eine empfehlenswerte Baumform ist der Busch (Viertelstamm). Auch Hohlkronen eignen sich bestens, weil hier eine optimale Belichtung auch in der Krone wachsender Früchte ermöglicht ist und eine gute Belüftung stattfindet. Hierdurch kann zudem die Widerstandsfähigkeit gegenüber der an eher ungünstigen Standorten gelegentlich auftretenden Aprikosenwelke (Apoplexie) gestärkt werden. Weil Aprikosen wärmeliebend und zudem sehr wüchsig sind, eignen sie sich hervorragend für ein unregelmäßiges Spalier an einer Südwand. Schwachwüchsige Sorten bleiben in der Regel unbeschnitten.

ALLERHÖCHSTE ZEIT

Aprikosen blühen früh im Jahr, hierauf sollte der Zeitpunkt des Frühjahrsschnittes abgestimmt sein.

Obstspaliere

Ein Spaliergerüst kann an einer Wand aus Draht oder Holzlatten erstellt werden.
Lediglich eine kühle Nordwand ist ungeeignet, weil Obst nur an halb oder voll sonnigen Standorten gut gedeiht. Spaliere können auch frei stehend im Garten aufgebaut oder an einem Pflanzkübel befestigt werden. Der Erwerbsobstbau zieht Apfelsorten fast ausschließlich an Spaliergerüsten.
Doch nicht jedes Obstgehölz eignet sich zu dieser Kulturform. Kernobst sollte auf nur mittelstark wüchsigen Unterlagen stehen, Birnen auf Quitte.

WICHTIG ZU WISSEN

Obstarten wie Aprikosen, Kirschen, Kiwis, Wein u. a. eignen sich besonders zum Spalier an einem Haus oder einer anderen schützenden Wand. Hier profitieren sie auch nachts von der gespeicherten Wärme des Tages.

Apfelspalier im Kleingarten

Das Spalier aufbauen

Die Latten oder Stangen eines Holzspaliers oder die einzelnen waagerecht gespannten Drähte an der Wand haben einen Abstand von 50 bis 60 cm, der Wandabstand sollte 10 cm betragen.
Der vor das Spalier gepflanzte junge Baum wird vor dem Austrieb auf 40 cm zurückgeschnitten. Beide Austriebe aus den oberen nach links und rechts weisenden Knospen werden nun vorsichtig in beide Richtungen nahezu waagerecht gelegt, an die Drähte gebunden und auf gleiche Länge geschnitten (a, b).
Die Triebe der im nächsten Jahr nach oben austreibenden Knospen anbinden und dabei auf einen gleichmäßigen Abstand achten. Das Seitenholz wird nun im Folgejahr mehrfach auf zwei bis drei Knospen zurückgeschnitten. Nach etwa vier Jahren ist ein ansehnliches Spalier entstanden (c).

Wärmeliebende Arten

Wärmeliebende Obstarten, wie Pfirsiche, Aprikosen (Marillen) und Mandeln *(Prunus dulcis* syn. *P. amygdalus)* gedeihen besonders gut an geschützt platzierten Spalieren, ebenso die vielen Rebensorten. Für stärker wüchsige Arten bietet sich nicht ein strenges, sondern ein locker aufgebautes Spalier an. Hierbei werden bei Unterstützung des natürlichen Wuchses sämtliche Triebe am Spalier fixiert.

HÄUFIGE FEHLER

Aprikosen und Mandeln dürfen wie Pfirsiche und Nektarinen nicht über reinen Blütenknospen geschnitten werden. Wer unsicher ist, warte mit den Schnittmaßnahmen bis zur Blüte.

Sauerkirschen-Fächerspalier

Beerensträucher

Unter den Früchten der Beerensträucher stellt man sich wohl überwiegend Johannisbeeren, Stachelbeeren, Heidelbeeren, Himbeeren, Brombeeren und ähnliche vor. Interessant zu wissen ist sicherlich, dass auch Gurken, Kürbisse, Melonen, Bananen und Zitrusfrüchte Beeren sind, nicht jedoch die genannten Himbeeren und Brombeeren. Letztere sind Sammelsteinfrüchte. Auch bei der Erdbeere handelt es sich nicht um eine wirkliche Beere, sondern um eine Sammelnussfrucht.

Johannisbeeren, Ribiseln
(Ribes spec.)

Im Herbst oder zeitigen Frühjahr pflanzt man junge Büsche mit fünf bis sieben Trieben, eine übliche Sortierung. Nun wählt man fünf kräftige, gut verteilte Triebe aus und schneidet um die Hälfte auf nach außen weisende Knospen zurück, die anderen werden weggeschnitten. Fruchtstände entwickeln sich an den Lang- und von ihnen abgehenden Kurztrieben.
In den Folgejahren wird die jährliche Leittriebverlängerung um etwa die Hälfte zurückgenommen. Wie die Schwarze Johannisbeere werden stärker wüchsige Sorten der Roten Johannisbeere weniger stark beschnitten, schwach wüchsige dagegen stärker, weil das den Wuchs anregt. Durch diese Maßnahmen wird sowohl die Blütenbildung als auch die Neutriebbildung vom Boden aus angeregt. Alte Triebe leitet man entweder auf jüngere Seitentriebe ab oder schneidet sie bis zum Boden fort.

Reiche Johannisbeerenernte nach korrektem Schnitt.

Beeren-Hybriden

Stammformen (Fußstämme, ca. 40 cm, Hochstämme, ca. 1 m) bei Johannisbeeren sind gewöhnlich in der Krone veredelt. Empfehlenswert ist die Anzucht einer pyramidenförmigen Krone. Um den mittleren Leittrieb werden vier bis sechs Äste in einem Winkel um 45 bis 60° platziert.
Der Mitteltrieb sollte die anderen um 10 bis 20 cm überragen. Der weitere Schnitt lehnt sich an den bei Büschen beschriebenen an.
Jostabeeren und ähnliche sind Hybriden, entstanden aus Johannis- und Stachelbeeren. Sie sind recht starkwüchsig und bilden lange Ruten. Der Schnitt dieser Pflanzen entspricht dem vorgenannten.

WICHTIG ZU WISSEN

Werden Johannis- und Stachelbeeren regelmäßig geschnitten, danken sie dies mit großen Früchten und einem gesunden Wuchs. Ältere Sorten sind dann erheblich geringer mehltauanfällig und müssen nicht durch neue, resistentere ersetzt werden.

Stachelbeeren
(Ribes spec.)

Der Schnitt dieser Beerenobstart ist vergleichbar mit dem der Johannisbeeren. Ein fertiger Busch sollte aus etwa sieben bis neun Leittrieben aufgebaut sein, weitere entstehende werden gleich am Boden abgeschnitten oder zum Neuaufbau entfernter alter Triebe genutzt. Stark überhängende Triebe leitet man auf hoch stehende Verzweigungen ab, wobei auf den gleichmäßigen Bau der Gesamtkrone zu achten ist. Exemplare, die unkontrolliert und ohne Schnitt wachsen, sind meist schwer zu pflegen. Stachelbeeren fruchten in erster Linie an kurzen Seitentrieben.

Kulturheidelbeeren
(Vaccinium corymbosum)

Bei Heidelbeeren ist kein Pflanzschnitt erforderlich. Nach etwa drei Jahren erfolgt im Winter ein jährlicher Auslichtungsschnitt. Die Pflanzen bilden sortenabhängig jährlich bis zu etwa zehn neue Triebe. Hiervon werden die zwei bis drei besten ausgewählt, die anderen weggeschnitten.
Auch ältere, abgetragene Äste entfernt man. Auf diese Weise erfolgt ein steter Neuaufbau der Pflanze, wodurch diese an Umfang zunimmt, stets verjüngt wird und qualitativ hochwertige Früchte ausbildet. Zudem können so kultivierte Pflanzen 50 Jahre und älter werden.

Kulturheidelbeeren benötigen wenige Schnittmaßnahmen.

Beerenobst will regelmäßig gepflegt werden.

Sonstige Obstarten und Nüsse

Manche weitere, seltener anzutreffende Obstart ist bei uns in Kultur. Empfindlichere, wärmeliebende oder weniger winterharte Arten sollten in der Nähe des Hauses an einem windgeschützten Platz gepflanzt werden. Hier ist das Kleinklima im Spätwinter - für viele Pflanzen die gefährlichste Jahreszeit - oft günstiger.

Oft beschränken sich Schnittmaßnahmen darauf, erfrorene und abgestorbene Triebe zu entfernen.

Kaki
(Diospyros kaki)

Kakipflanzen sind mit den selbstfruchtbaren Sorten 'Fuyu' und 'Sharon', aber auch anderen, im gemäßigten Klima Mitteleuropas winterhart. In ungünstig gelegenen Gebieten kann ein Winterschutz hilfreich und sinnvoll sein.

Kakis sollten nicht als Halb- oder Hochstamm gezogen werden, sondern als Busch. Obgleich sie dazu neigen, lange Triebe auszubilden, ist es ratsam, diese zurückzuschneiden, damit ein sehr kräftiges Gerüst aus Leitästen entsteht, denn Kakiholz ist brüchig. Nur so ist es gewährleistet, dass der Baum später bei vollem Fruchtbehang ohne Schaden zu nehmen den Sommer übersteht. Steil zueinanderstehende Konkurrenztriebe müssen unbedingt vermieden werden, weil sie bei starkem Fruchtbehang leicht auseinanderbrechen können.

Vorjährige Triebe schneidet man um etwa zwei Drittel auf nach außen weisende Knospen zurück. Der neue Austrieb bildet im selben Jahr bereits Blüten.

Kakis (Sorte 'Sharon') wachsen am diesjährigen Holz.

Persimmon und Lotuspflaume
(Diospyros virginiana und *Diospyros lotus)*

Die Persimmon wird wegen ihrer mandarinengroßen, süßen, orangefarbenen Früchte angebaut und ist ebenso winterhart wie die Kaki. Die Lotuspflaume bildet kleine, bei Reife schwarzrote Früchte, die Jostabeeren ähnlich sehen. Unreif verzehrt wirken sie adstringierend auf die Mundschleimhaut, überreif sind sie sehr süß. Auch diese Art ist recht frosthart.

Feigen
(Ficus carica)

Feigenbüsche oder kleine Bäume sind bei uns an den meisten Standorten winterhart, allerdings sollte man ihnen keinen kalten, zugigen oder wenig sonnenbelichteten Platz zukommen lassen.

Junge Feigen werden im Frühjahr gepflanzt und auf 40 bis 60 cm zurückgeschnitten, eine eventuell vorhandene Seitenverzweigung wird bis 10 cm unter dem Mitteltrieb zurückgesetzt. Aus den austreibenden Ästen baut man ein Leitastgerüst auf. Schwache und sich in der Krone überschneidende Triebe werden entfernt, frostgeschädigte bis ins gesunde Holz zurückgenommen. Feigen neigen dazu, lange Triebe zu bilden. Das sollte durch einen Sommer- und Früh-

jahrsschnitt gebremst werden, damit eine kompakte, ansehnliche Pflanze entsteht. Die Fruchtbildung erfolgt an vorjährigem Holz, das muss bei Schnittmaßnahmen berücksichtigt werden. Zuweilen bilden sich die Früchte aber auch an Neutrieben.
Ältere oder wegen unterbliebener Schnittmaßnahmen unschöne Pflanzen vertragen auch einen radikalen Schnitt ins alte Holz. Sie treiben wieder aus und können wunschgemäß neu aufgebaut werden.

IMMER MIT DER RUHE

Feigen bilden in der Regel viele Früchte, die im Freiland allerdings oft nicht ausreifen. Daher sollte ihnen im Garten der beste Platz zugewiesen werden. Eine Kultur in Kübeln ist ebenso möglich. Wenn sie geschützt unter einem Glasdach stehen oder in einem Wintergarten kultiviert werden, kann man zuweilen sogar mit zwei jährlichen Ernten rechnen.

Walnuss
(Juglans regia)

Wer einen Walnussbaum pflanzt, muss davon ausgehen, dass er erhebliche Ausmaße annehmen wird. Es ist kaum möglich, ihn durch Schnittmaßnahmen zufriedenstellend dauerhaft klein zu halten. Auf die Schwarznuss *(Juglans nigra)* veredelt ist der Wuchs etwas schwächer.
Eine erheblich zu dichte oder beschädigte Krone kann ausgelichtet werden. Ebenso kann man Bäume durch Fortschneiden vorhandener Verzweigungen aufasten. Die Schnittmaßnahmen werden am besten ab Juli/August vorgenommen, weil die Wunden dann besser verheilen. Die Schnittstelle wird im Kambiumbereich, das ist die Wachstumszone, mit einem Wundverschlussmittel behandelt.

WICHTIG ZU WISSEN

Werden Pflanzen, die zum „Bluten" neigen, im Sommer geschnitten, können die Schnittwunden anschließend noch abheilen.

Feigen benötigen bei uns einen sonnigen, geschützten Standort.

Holunder
(Sambucus nigra)

Der Schwarze Holunder ist sowohl eine Wild- als auch eine Zier- oder Nutzpflanze. Es gibt eine rotlaubige Form und eine mit weißen süßen Beeren.
Zur Anzucht werden bis auf drei kräftige Triebe alle weiteren weggeschnitten. Die ausgewählten kürzt man ein, um einen kräftigen Wuchs zu fördern. So entwickelt sich ein starker Strauch oder kleiner Baum, wenn nur ein Trieb angezogen wurde. In der Folgezeit werden sechs bis neun kräftige Ruten (Kronentriebe) stehen gelassen, die nach der Ernte oder im Frühjahr auf Seitentriebe zurückgenommen werden. Altes Holz kann ganz entfernt und durch neues ersetzt werden. So entsteht immer neues Fruchtholz, der Holunder bildet dann viele Trauben mit hochwertigen Beeren.

Verjüngung

Alte, verunzierte Holunderpflanzen können auf den Stock gesetzt werden, wie es in Knicks üblich ist. Sie bauen sich dann neu auf und bilden schnell dekorative, reich fruchtende Büsche.

Weinreben
(Vitis vinifera)

Vor dem Schnitt von Weinreben sollte man sich des Zweckes bewusst sein und bereits eine möglichst klare Vorstellung von der endgültigen Form haben.
Die Schnittmaßnahmen werden überwiegend im Herbst oder zeitigen Winter ausgeführt, weil die Rebe dann nicht unter starkem Saftfluss („Bluten“) leidet. Wuchsformen sind beispielsweise der Senkrechtstamm (Hauswände), Bogenstamm (frei stehend mit Pfahl, Zaun), Pergola (Laubengang), Galerie (Teilüberdachung), Fächer (Universaleignung), Weinberg (Drahtrahmenkonstruktion) und auch die Kübelkultur (Topfreben).
Berücksichtigt werden muss immer die Tatsache, dass Wein an diesjährigen Trieben fruchtet, die vorjährigen entspringen.

Wein für warme, sonnige Lagen oder einen Platz im Wintergarten.

Wein erziehen

1. Jahr: Rückschnitt der zwei Triebe auf eine Knospe über der Veredlungsstelle. Der stärkere sich entwickelnde wird stehen gelassen, der andere ausgebrochen (Mai/Juni). Rückschnitt auf ca. 1 m.

2. Jahr: Rückschnitt auf 60 cm. Untere drei bis vier Knospen ausbrechen (April). Obere drei bis vier Triebe treiben aus und können bereits Trauben ansetzen. Kappen der Triebe im Spätsommer, Mitteltrieb etwas höher belassen. Eine Stämmchenform ist formiert.

3. Jahr: Weiterkultur zum Fächer. Das dreitriebige Stämmchen wird vorsichtig auseinandergebogen und an ein Spalier gebunden. Jeder Trieb wird auf etwa acht Augen zurückgeschnitten. Jeder Trieb behält drei bis vier nach oben weisende Austriebe. Andere werden ausgebrochen (Mai/Juni).

4. Jahr: Die drei Stammverlängerungstriebe, es können auch jeweils zwei sein, werden auf acht Augen zurückgeschnitten, in die gewünschte Form gebogen und angebunden. Die übrigen Austriebe werden auf Stummel mit zwei Knospen zurückgeschnitten.

5. Jahr: Es wird analog zu den Schnittmaßnahmen des vorigen Jahres geschnitten. Dabei sollen für die weiteren Stammverlängerungen nur jeweils ein bis zwei Triebe zugelassen werden. Weitere bricht man aus (Mai/Juni).

Ist die gewünschte Endgröße erreicht, werden keine weiteren Stammverlängerungen gezogen. Der Zapfenschnitt sorgt für eine gute Fruchtbarkeit. Diese Schnittmaßnahmen gewährleisten eine frühe und gute Traubenernte.

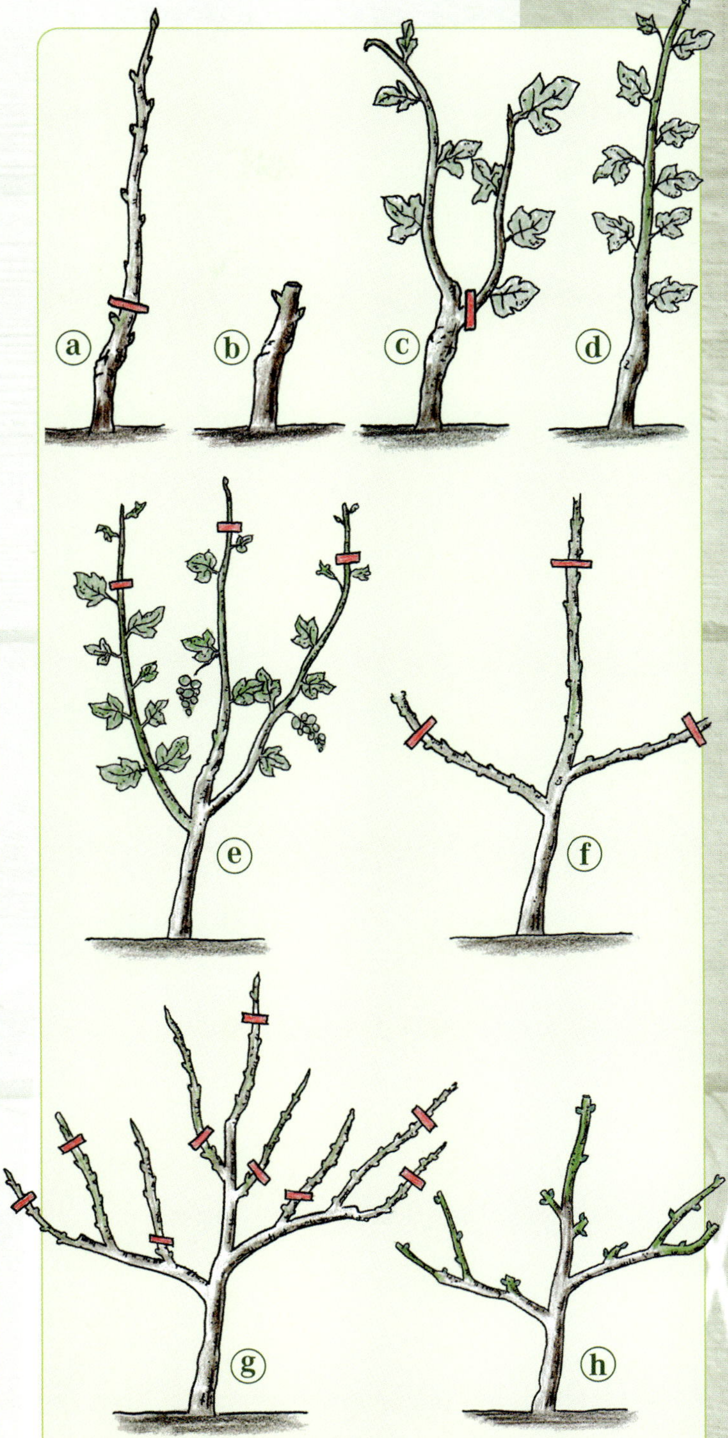

a, b: Rückschnitt auf zwei Augen
c: Entfernen des schwächeren Triebes
d: Starker Austrieb, im Herbst auf 60 cm schneiden.
e: Im Folgejahr Entwicklung von drei kräftigen Trieben.
f: Rückschnitt im Spätsommer
g, h: Krone unter Mitteltriebbetonung zurückgenehmen.

Ziersträucher und Bäume

Gehölze schneiden

Der Schnitt der Ziersträucher erfolgt in erster Linie, um die Schönheit der Pflanzen bsonders zur Geltung zu bringen und ihren Wuchs dementsprechend zu beeinflussen. Das Schönheitsempfinden verschiedener Menschen ist durchaus unterschiedlich. Daher sind die folgenden Schnitthinweise als Empfehlungen zu betrachten, die der Pflanzenliebhaber in gewissem Umfang auch variieren kann.

Was will ich?

Vor dem Pflanzen eines Zierstrauches ist es wichtig, sich über dessen Wuchsverhalten und die zu erwartende Endgröße im Klaren zu sein.
Ein Strauch sollte nicht gepflanzt werden, wenn er klein bleiben soll und das nur durch dauerhaften Rückschnitt erreicht werden kann.
Günstige Zeiten für die Durchführung der Schnittarbeiten sind das zeitige Frühjahr und die Sommermonate. Auch der Nachblüteschnitt ist gelegentlich ratsam.
Der Umfang vermeintlich erforderlicher Schnittmaßnahmen in einem Garten kann Ausmaße annehmen, die kaum zu bewältigen sind. Die folgenden Informationen zu verschiedenen Zierpflanzen sind auch als Hinweise zum Wuchsverhalten zu verstehen und können somit Grundlage sein, um Prioritäten zu setzen.

WICHTIG ZU WISSEN

Bei frisch gesetzten Pflanzen werden grundsätzlich abgeknickte, beschädigte und für die betreffende Art sehr schwache Triebe abgeschnitten.

Baumartig wachsende Gehölze

Für einen Baum typisch ist eine recht große Pflanze mit verholztem aufrechten Stamm und einer Krone. Ein baumartig wachsendes Gehölz kann ein mehrtriebiger Strauch sein, bei dem bis auf einen alle Einzeltriebe fortgeschnitten werden und der verbliebene sich zu einem kleineren Baum entwickelt bzw. den Habitus eines Baumes aufweist.

Starkwüchsige Bäume können nicht auf Dauer durch Schnitt im Zaum gehalten werden.

Zierahorn
(Acer spec.)

Die vielen Arten und Sorten der Zierahorne werden kaum beschnitten. Gelegentlich können Korrekturschnitte ausgeführt werden. In diesem Fall sollte das möglichst bei jüngeren Pflanzen erfolgen. Der Kugel- oder Spitzahorn *Acer platanoides* 'Globosum' benötigt einen Schnitt, wenn die Krone zu groß wird oder abgestorbene Teile entfernt werden sollen. Dieser kann im Spätsommer (ab Ende Juli) erfolgen. Auch ein Winterschnitt ist möglich. Die Wuchsform wird nicht durch den Schnitt herbeigeführt, es handelt sich vielmehr um eine genetische Disposition.

HÄUFIGE FEHLER

Schwachwüchsige Zierahorne werden gewöhnlich nicht oder kaum beschnitten, um eine bestimmte Form zu erhalten. Die Form ist genetisch vorgegeben, lediglich Auslichtungsmaßnahmen können vorgenommen werden.

Lebkuchenbaum,
(Cercidiphyllum japonicum)

In seiner Heimat Japan und China ist der Lebkuchen- oder Katsurabaum ein groß werdender mehrstämmiger Baum mit oft um 90° quer stehenden Ästen. Bei uns gedeiht er als großer Strauch oder Baum. Typisch ist der herbstliche Lebkuchenduft des dekorativen orangefarbenen Laubes.
Bei Jungpflanzen werden Schnittmaßnahmen nur vorgenommen, um die Vieltriebigkeit zu fördern. Bei älteren Exemplaren ist ein Schnitt nicht notwendig, gelegentlich erfolgt ein Auslichtungsschnitt.
Um den Wuchs zu reduzieren, werden im Frühjahr ausgesuchte Triebe auf eine Seitenverzweigung zurückgeschnitten.

Fächerahorn mit auffälliger Laubfärbung, wenig Schnittbedarf.

Scheinhasel
(Corylopsis pauciflora)

Der dichtbuschig wachsende Strauch zeigt seine gelben Blütenkätzchen bereits ab Spätwinter. Schnittmaßnahmen bei jungen Pflanzen sind nicht erforderlich. Ältere Pflanzen können durch unterschiedliche Schnittmaßnahmen in viele Formen gedrängt werden. Unbeschnitten bildet sich von allein ein ansprechender Habitus.

WICHTIG ZU WISSEN

Einige Pflanzenarten sollte man nur schneiden, wenn dies wirklich notwendig ist. Keinesfalls nur deshalb zurückschneiden, weil man der Meinung ist, es sei jetzt die richtige Zeit dafür.

Schneeglöckchenbaum
(Halesia carolina)

Der Schneeglöckchenbaum erreicht eine Höhe um 8 m. Im Mai zieren ihn weiße bis rosa angehauchte, kleine glockenförmige Blüten. Diese erscheinen am vorjährigen Holz. Anschließend bilden sich vierflügelige grüne bis hellbraune Früchte. Bei jungen Pflanzen sind Schnittmaßnahmen nicht erforderlich. Ältere Exemplare schneidet man nur, wenn Schnittmaßnahmen aus optischen Gründen gewünscht sind. Dann sollte auf jüngere Triebe abgeleitet werden.

Stechpalme
(Ilex spec.)

Die Stechpalme existiert in etwa 400 Arten. Besonders dekorativ sind die grün glänzenden randdornigen Blätter von I. aquifolium. Zierend sind zudem die roten Früchte der weiblichen Pflanzen. Der kleine immergrüne Baum kann bei uns eine Größe von 4 m oder mehr erreichen, andere Arten bleiben auch kleiner. Der strauchige Wuchs jüngerer Pflanzen wird angeregt durch einen Rückschnitt nach der Pflanzung. Ein vorgesehenes Stämmchen schneidet man dabei frei.
Bei älteren Pflanzen ist ein Aufbauschnitt nicht notwendig. Bei der Anzucht eines Stammes kann bei Bedarf die Krone freigeschnitten werden. Achtsames gelegentliches Entfernen fruchtender Zweige schadet dem Habitus nicht.

Der Schneeglöckchenbaum, attraktives, aber seltenes Gartengehölz.

Goldregen
(Laburnum spec.)

Der Gemeine Goldregen *(L. anagyroides)* ist ein großer Strauch oder ein kleiner, auch mehrtriebiger Baum von 6 bis 8 m Höhe. Die bis zu 25 cm langen Blütentrauben mit ihren leuchtend gelben Schmetterlingseinzelblüten erscheinen im späten Frühjahr. Auch Strauchformen bilden im Lauf der Jahre kräftige Stämme aus.
Soll die Pflanze mehrtriebig erzogen werden, braucht man kräftige Jungpflanzen nicht zu beschneiden. Anderenfalls kann man auch um ein Drittel zurückschneiden. Bei der Anzucht von Stammformen werden Seitentriebe zurückgeschnitten oder entfernt. Der ausgewählte Leittrieb kann vorerst angebunden werden. Seitenverzweigungen sollten bis zur gewünschten Stammhöhe (1,20 bis 1,60 m) entfernt werden. Bei älteren Pflanzen kann man störende Triebe entfernen, ansonsten ist von einem starken Rückschnitt abzuraten.

WICHTIG ZU WISSEN

Beim Beschneiden giftiger Gehölze wie Goldregen, Eibe und Oleander sowie anderer Zierpflanzen ist besondere Vorsicht walten zu lassen. Die Schneidwerkzeuge müssen anschließend gründlich gereinigt werden.

Wenig Schnittbedarf: Goldblütiger Goldregen.

Magnolie
(Magnolia spec.)

Die Gattung *Magnolia* umfasst über 100 Arten und weitere Sorten. Sie wachsen als große Sträucher, mehrtriebige Bäume oder auch einzeln. Magnolien sind beliebt wegen ihrer ansehnlichen, reichen und frühen Blüte. *M. grandiflora* ist immergrün.
Ein Jungpflanzenschnitt ist nicht erforderlich, gegebenenfalls werden schwache Triebe entfernt oder ein einzelner Stamm wird frei geschnitten.
Ein Schnitt ist auch bei älteren Pflanzen nicht nötig, aus optischen Gründen werden lediglich Verzweigungen zurückgenommen. Die Immergrüne Magnolie kann bedingt in Form geschnitten werden, auch dann, wenn dabei sämtliches Laub entfernt werden muss.

Zierapfel
(Malus spec.)

Zierapfelarten wachsen strauchartig oder baumförmig. Die Schnittmaßnahmen entsprechen etwa denen, die unter Kernobst beschrieben sind. Ältere Malusarten benötigen in der Regel keine Schnittmaßnahmen mehr. Ein Auslichtungsschnitt ist hingegen immer möglich.

IMMER MIT DER RUHE

Die meisten Zierapfelfrüchte sind essbar, wenn auch sauer. Sie können mitsamt Stiel und Kernhaus in einer zuckrigen Wasserlösung geköchelt werden und sind nach dem Abkühlen eine wahre Köstlichkeit.

Maulbeeren
(Morus spec.)

Als Obstgehölze gepflanzte Maulbeerbäume sind gewöhnlich mit reichtragenden großfruchtigen Edelsorten veredelt. Der Kronenaufbau eines Busches oder kleinen Stammes erfolgt vergleichbar mit dem eines Kernobstbaumes. Weil die beste Fruchtbildung am Seitenholz kräftiger Zweige erfolgt, werden abgetragene Triebe im zeitigen Frühjahr auf eine nach außen wachsende Verzweigung abgesetzt. Dabei ist auf einen gleichmäßigen Kronenaufbau zu achten. Im Frühjahr sollten dünne, zurückgetrocknete Triebe sowie anfänglich häufiger aus dem Wildling (Veredlungsunterlage) austreibende Triebe entfernt werden.

Wildarten

Wildarten wie *Morus alba* und *Morus nigra* können auch als Hecke gepflanzt und erzogen werden. Sie vertragen einen kräftigen Rückschnitt sehr gut. Allerdings muss der regelmäßig erfolgen, weil sich anderenfalls kräftige Äste bilden, die einen ansehnlichen Heckenwuchs dann nur noch schwerlich ermöglichen.

Weiße brombeerförmige Maulbeerfrüchte

Kirschpflaume
(Prunus cerasifera)

Die Kirschpflaume oder Myrobalane wächst als großer Strauch oder als mehr- und eintriebiger, 6 bis 8 m hoher Baum. Die reiche Blütenbildung erfolgt an vorjährigem Holz. Anschließend bilden sich große Mengen kleiner, rundlich gelber, blauvioletter oder roter Früchte mit bei Reife süßlichem Geschmack.

Stamm anziehen

Die jungen Pflanzen benötigen eigentlich keinen Schnitt (Knickpflanze). Um einen kräftigen buschigen Wuchs zu fördern, erfolgt ein Rückschnitt um ein Drittel. Soll ein Stamm angezogen werden, wird er freigeschnitten und bis zur gewünschten Höhe zuzüglich vier bis sechs Augen zum Aufbau der Kronentriebe gezogen.
Bis auf gelegentliche Auslichtungsschnitte sind bei ausgewachsenen Exemplaren gewöhnlich keine weiteren Schnittmaßnahmen erforderlich.

Besonders Wildgehölze vertragen einen kräftigen Rückschnitt.

Gelbe Kirschpflaume: Massenträger an vorjährigem Holz.

Essigbaum
(Rhus typhina)

Der Essig oder Hirschkolbensumach ist ein Strauch oder kleine Baum und treibt bis zu 4 m hohe Ausläufer. Typisch sind seine prächtige Herbstfärbung, die gelblichen Blütenbüschel und die samtenen roten Früchte. Schnittmaßnahmen bei jüngeren Pflanzen sind eigentlich nicht erforderlich. Eine Mehrtriebigkeit wird durch einen Rückschnitt unterstützt. Baumformen werden lediglich freigeschnitten. Ein späterer Schnitt bei älteren Exemplaren ist nicht erforderlich, wird aber - z.B. zur Verjüngung - vertragen. Unerwünschte Ausläufer müssen immer bis in den Boden zurückgenommen werden.

Vor dem Beschneiden des Essigbaumes sollte man sich Handschuhe anziehen, weil anderenfalls Allergien ausgelöst werden können.

Kugelrobinie
(Robinia pseudoacacia)

Ein ansprechender, kleiner, pflegeleichter Baum mit kugelförmiger Krone. Kugelrobinien oder auch Kugel-Scheinakazien werden gewöhnlich in der Krone veredelt. Junge Austriebe kürzt man, um einen buschigen Wuchs zu erzielen. Weitere Schnittmaßnahmen sind vorerst nicht notwendig.
Die Pflanze bildet von allein eine kugelige Krone aus. Stutzen im Frühjahr verhindert das Abgleiten der Krone in eine schirmartige Verbreiterung.
Die Kronenäste sind ziemlich brüchig. Angebrochene Äste müssen entfernt werden. Wird die Krone zu groß oder unansehnlich, kann ein Rückschnitt um die Hälfte für einen ansehnlichen Neuaufbau im selben Jahr sorgen.

Gut schnittverträglich: die Kugelrobinie

Hänge-(Trauer-)Weiden
(Salix spec.)

Die Gattung umfasst über 300 Arten. Beliebt und häufig angebaut ist die gelbastige Trauerweide *(Salix babylonica)*. Die Kätzchen- oder Salweide *(Salix carprea)* wächst als Strauch oder kleiner Baum und erreicht eine Höhe von 3 bis 9 m. Einen dekorativen Wuchs zeigt auch die Drehweide. Einige Weiden sind Nutzpflanzen, wie die Korbweide *(S. viminalis)*, andere enthalten Salicin, das im menschlichen Körper zu Salicylsäure umgesetzt wird, ein Schmerzmittel. Dekorative klein bleibende Weidenarten werden auch zu reinen Zierzwecken auf Stämmchen veredelt.

Stamm anziehen

Es erfolgt ein kräftiger Rückschnitt beim Pflanzen. Soll ein Stamm angezogen werden, wird dieser frei geschnitten. Man kappt ihn in der gewünschten Höhe, aus den sich darunter befindenden Knospen wird die Krone aufgebaut.

Alte Weiden und Trauerformen

Ein Beschnitt älterer Weiden ist zwar nicht erforderlich, man kann aber unbedenklich gleichmäßig über die Krone verteilt Kätzchenzweige entnehmen. Hängeformen, wie die Sorte 'Kilmarnock', werden im Frühjahr in der Krone kräftig zurückgeschnitten. Die schlanken einjährigen Triebe sind bei Trauerformen besonders dekorativ. Die Trauerweide bildet keine auffälligen Kätzchen aus.

Veredelungen

Bei veredelten Pflanzen sollten ältere Triebe von Zeit zu Zeit bis auf einige Augen über der Veredlungsstelle zurückgeschnitten werden. So bauen sich schnell ansprechende Kronen neu auf.
Schnittmaßnahmen bei jungen Pflanzen sind eigentlich nicht erforderlich. Die Mehrtriebigkeit wird durch einen Rückschnitt unterstützt. Baumformen werden lediglich frei geschnitten.
Ein späterer Schnitt ist ebenfalls nicht erforderlich, wird aber - z. B. zur Verjüngung - vertragen. Unerwünschte Ausläufer müssen immer bis in den Boden zurückgenommen werden.

Entwipfeln

Neben Weiden werden gelegentlich auch andere Laubbaumarten überwiegend aus dekorativen Gründen jährlich stark zurückgeschnitten (entwipfelt).
Weil dabei zumeist ein- oder zweijährige Triebe immer an der Austriebsstelle fortgeschnitten werden, entstehen dort keine größeren Schnittwunden, sondern nur dicke Stumpfwulste. Auf diese Weise wachsen typische, dem natürlichen Habitus der Pflanzen nicht entsprechende Wuchsformen heran.
Bevorzugte Arten: Linde *(Tilia-Hybriden)*, Platane *(Platanus* spec.*)*, Robinie *(Robinia* spec.*)*, Maulbeerbaum *(Morus* spec.*)* und Rosskastanie *(Aesculus* spec.*)*.

Alte, unbeschnitten gebliebene Kopfweide.

Wipfelschnitt

Flieder
(Syringa spec.)

Die meisten Fliederarten erreichen eine Höhe und Breite um 2 bis 3 m. Die Sträucher haben rispenartige duftende Blüten in vielen Farbnuancen.
Kräftige mehrtriebige Jungpflanzen mit Ballen benötigen keinen Rückschnitt, im Gegensatz zu wurzelnackten oder schwächeren.
Flieder baut sich in der Regel von allein gut auf. Die Blüten können problemlos herausgeschnitten werden. Stammformen werden bei Erfordernis frei geschnitten. Flieder wird auch gern als Hecke gepflanzt.
Die Ausläufer wurzelechter Pflanzen sollten dann entfernt werden. Bei Trieben aus dem Wurzelbereich veredelter Arten handelt es sich zumeist um Jungpflanzen der Art. In manchen Ländern kann Flieder auch schon einmal auf *Ligustrum* veredelt sein.

Sträucher

In unserem Klimabereich überwiegen die sommergrünen Gehölze. Arten- und sortenabhängig färbt sich etwa ab Ende September das Laub dieser Pflanzen zumeist in attraktive herbstliche Farbtöne, bevor es herabfällt. Immergrüne Gehölze behalten ihre Blätter während des ganzen Jahres. Die Schnittmaßnahmen richten sich nach den jeweiligen Gehölzen. Im Allgemeinen ist der Schnitt im Sommer für die meisten Arten ein sehr günstiger Termin. Er sollte etwa im Juli bis August vorgenommen werden. Berücksichtigt werden muss allerdings auch der Zweck der Schnittmaßnahmen. Blüht die Pflanze am diesjährigen Holz, kann sie im Frühjahr zurückgeschnitten werden. Dadurch wird ein kräftiger Austrieb hervorgerufen, der wiederum für eine reiche Blütenbildung sorgt. Beispiel: Kreppmyrte *(Lagerstroemia indica)*. Erfolgt die Blüte am vorjährigen Holz, sollte der Rückschnitt gleich nach der Blüte erfolgen, damit sich neue Triebe bilden können, die dann im nächsten Jahr für den Blütenflor sorgen. Beispiel: Ziermandel *(Prunus triloba)*. Sind die Blätter die Zierde der Pflanze, sollte im Herbst oder zeitigen Frühjahr zurückgeschnitten werden. So erfolgt ein kräftiger Austrieb. Beispiel: Hartriegelarten *(Cornus* spec.*)*.

Die Apfelbeere: Obst- und Zierpflanze in einem.

Felsenbirne
(Amelanchier spec.*)*

Felsenbirnen gibt es als vieltriebig wachsende Großsträucher oder kleine Bäume. Sie zeichnen sich durch dekorative Blüten und essbare Früchte aus.
Die junge Pflanze wird auf ein Drittel zurückgeschnitten, damit sich ein kräftiges Triebgerüst aufbauen kann. Ist eine Stammform gewünscht, muss dieser frei geschnitten werden.
Ältere Exemplare lichtet man aus, typisch für Stämme ist ihr nicht gerader Wuchs.

Apfelbeere
(Aronia spec.*)*

Die dekorativen Apfelbeeren zeigen unterschiedlichste Blattformen und entwickeln essbare Früchte. *A. arbutifolia* besitzt beispielsweise schöne erdbeerförmige, gesägte Blätter, *A. melanocarpa* zeigt im Herbst schwarze süßherbe und die pflaumenblättrige *A. prunifolia* rote Beerenfrüchte. Zuweilen sind Apfelbeeren als Stamm auf Sorbus veredelt. Nach der Pflanzung lässt man nur kräftige Triebe stehen.
Bei älteren Pflanzen wird das alte Holz kräftig zurückgeschnitten. Eine Erneuerung erfolgt durch Ausläuferbildung.

Berberitzen vertragen einen starken Rückschnitt.

Berberitzen, Sauerdorn
(Berberis spec.)

Die sommer- bis immergrünen Berberitzen finden als Strauch und als Heckenpflanze Verwendung. Ihre Blüten erscheinen im Frühjahr, die reifen rötlichen Früchte von *B. thunbergii* sind essbar, eine dekorative rotlaubige Form.

Nach der Pflanzung schneidet man um ein Drittel zurück, damit sich ein schöner kräftiger Wuchs einstellt.

Ältere Pflanzen benötigen einen regelmäßigen Rückschnitt (Heckenschnitt), der die Blütenbildung fördert. Solitärsträucher werden ausgelichtet, indem ein kleiner Teil der Triebe bis zur Basis eingekürzt wird.

Sommerflieder
(Buddleja alternifolia)

Der Sommerflieder hat überhängende, breit ausladende Triebe und bildet blauviolette lange Blütenbüschel an vorjährigem Holz.

Nach der Pflanzung ist ein Rückschnitt möglich, wenn ein kräftigerer Wuchs erwünscht ist.

Bei älteren Exemplaren können einzelne Triebe nach der Blüte auf tiefer liegende Verzweigungen zurückgeschnitten werden. So kann eine Auflockerung erfolgen. Alte Sträucher vertragen einen kräftigen Rückschnitt zum Neuaufbau. Ansonsten sind wegen des typischen Wuchses Schnittmaßnahmen nur erforderlich, wenn die Ausmaße überhand nehmen.

WICHTIG ZU WISSEN

Die reifen roten Berberitzenfrüchte von Berberis thunbergii sind in der asiatischen Küche eine beliebte Zugabe für z. B. Reisgerichte. Und als Solitär ist die ganze Pflanze besonders ansehnlich.

Schmetterlingsstrauch
(Buddleja davidii)

Der attraktive Strauch mit den leicht überhängenden Zweigen blüht von Juli bis Ende September. Wird die junge Pflanze auf ca. 40 cm zurückgeschnitten, entwickelt sich ein kräftiges Gerüst. Den Zuwachs des Folgejahres dann nochmals um drei Viertel zurücknehmen.

Vor allem bei älteren Pflanzen bewirkt der Rückschnitt der Vorjahrestriebe im Frühjahr auf das ursprüngliche Gerüst (40 bis 50 cm) in der Regel einen kräftigen Austrieb, der im selben Jahr noch Blüten ansetzen wird. So kann jedes Jahr erneut mit dem Strauch verfahren werden.

Sommerflieder verträgt einen kräftigen Rückschnitt und dankt es mit reichlicher Blüte.

Fruchttragende Zweige des Liebesperlenstrauches.

Blüte des Gewürzstrauches

Schönfrucht
(Callicarpa spec.)

Ein aufrecht wachsender Strauch mit lila Blüten und Früchten. Die junge Pflanze benötigt einen kräftigen Rückschnitt, ältere Exemplare erhalten einen Auslichtungsschnitt, wobei u. U. abgetragene Fruchtstände zurückgeschnitten werden.

Gewürzstrauch
(Calycanthus floridus)

Der sparrig wachsende Strauch mit rotbraunen duftenden Blüten benötigt als junge Pflanze zur Förderung einer guten Basisverzweigung einen kräftigen Rückschnitt. Bei älteren Exemplaren kann ein Teil der Triebe im Frühjahr zurückgeschnitten werden, so wird ein lockerer Aufbau und eine Teilverjüngung gefördert.

WICHTIG ZU WISSEN

Der Gewürzstrauch verdankt seinen Namen nicht nur dem Duft seiner Blüten. Auch die trockenen Blätter duften stark nach Gewürznelken.

Erbsenstrauch
(Caragana arborescens)

Der mehrere Meter hohe Großstrauch mit gelben Schmetterlingsblüten erhält als junge Pflanze einen kräftigen Rückschnitt zur Förderung des Austriebes. Bei älteren Pflanzen sind Schnittmaßnahmen nicht erforderlich, werden aber vertragen.

Der anspruchslose Erbsenstrauch.

Säckelblume
(Ceanothus spec.)

Die endständigen bläulichen Sommerblüten der Säckelblume erscheinen an den ca. 1,5 m langen, diesjährigen Trieben.
Bei der jungen Pflanze wird in zwei aufeinanderfolgenden Jahren jeweils gut die Hälfte des Neutriebes zurückgeschnitten, so entsteht ein kräftiges Astgerüst. Ältere Exemplare werden zurückgeschnitten und bei Bedarf ausgelichtet.

Zier- oder Scheinquitte
(Chaenomeles spec.)

Je nach Art sind Zierquitten von dornigem breitem oder aufschießendem, bis zu 2 m hohem Wuchs. Sie blühen im Frühjahr in vielen Rot- bis Gelbtönen. Die gelben, quittenähnlichen Früchte können auch z. B. zu Gelee verarbeitet werden.
Bei der jungen Pflanze werden schwache Triebe zurückgeschnitten und kräftige eingekürzt. Ältere Pflanzen erhalten einen Auslichtungsschnitt, auch ein allgemeiner Rückschnitt ist möglich (Heckenschnitt).

WICHTIG ZU WISSEN

Neue Obstsorte: Die nahezu dornenlose Scheinquittenselektion ‘Cido’ ist zitronensauer und gut zu verarbeiten.

Zierquittenblüten am vorjährigen Holz

Weißer Hartriegel
(Cornus alba)

Der Zierstrauch mit unterschiedlicher attraktiver Rindenfärbung zeigt ab Ende Mai seine weißen Blüten, später folgen die weiß bläulichen Früchte.
Als junge Pflanze erhält er einen kräftigen Rückschnitt zum Aufbau eines tragenden Astgerüstes. Bei größeren Pflanzen schneidet man ältere Triebe auf tiefer liegende Verzweigungen zurück.

Kornelkirsche
(Cornus mas, C. officinalis)

Ein kleiner, im Spätwinter blühender Baum mit essbaren roten ovalen Früchten.
Ist eine Strauchform gewünscht, benötigt die junge Pflanze einen kräftigen Rückschnitt. Den Mitteltrieb an einen Stab binden und bei gewünschter (kurzer) Stammhöhe plus ca. 20 cm kappen.
Ältere Sträucher benötigen keinen Schnitt, Stämme müssen bei Bedarf vorerst von Seitentrieben frei geschnitten werden.

Cornus officinalis, die Japanische Kornelkirsche

Haselnuss
(Corylus avellana)

Der starkwüchsige, bis zu 6 m hohe grün- oder rotblättrige Strauch beschenkt uns ab Spätsommer bis Herbst mit einer reichen Nuss-Ernte.
Bei jungen Pflanzen sind keine Schnittmaßnahmen erforderlich. Das gilt auch für ältere Exemplare, ein Schnitt wird aber in der Regel gut vertragen (Heckenschnitt, Knickrückschnitt).
Bei der veredelten Korkenzieherhaselnuss müssen Austriebe der Unterlage an der Basis fortgeschnitten werden.

HÄUFIGE FEHLER

Wer sich vor dem Pflanzen eines Haselnussstrauches nicht im Klaren darüber ist, wie kräftig er wächst, und zudem das Beschneiden vergisst, wird nach einigen Jahren von einem baumartigen Strauch mit sehr dicken Stämmen überrascht. Wenn das nicht beabsichtigt war, hilft nur noch radikaler Rückschnitt.

Die Haselnuss kann einem schnell über den Kopf wachsen, hier hilft nur ein radikaler Rückschnitt.

Perückenstrauch
(Cotinus coggygria)

Unbeschnitten sind Perückensträucher Großsträucher mit attraktiven Laub- und Fruchtständen. Entsprechend sind bei jüngeren Pflanzen keine besonderen Schnittmaßnahmen erforderlich.
Ältere Sträucher können gelegentlich einen kräftigen Rückschnitt im Winter erhalten, dadurch entwickelt sich ein kompakt wachsender Busch, bei dem – je nach Sorte – der rotlila und gelbe Blattschmuck besonders gut zur Geltung kommt.

Zwergmispel
(Cotoneaster spec.)

Die Zwergmispeln sind meist mittelgroße weißblütige und in der Regel Laub abwerfende Sträucher mit kleinen roten rundlichen Früchten im Sommer. Die Art *C. salicifolius* ist immergrün.
Bei jungen Pflanzen kann ein Schnitt vorgenommen werden, um einen kräftigen Unterbau zu erzielen. Bei älteren Exemplaren sind Schnittmaßnahmen nur erforderlich, wenn ein zu dichter Wuchs ausgelichtet werden soll oder um ältere Zweige auf jüngeres Seitenholz abzusetzen.

Die meisten Cotoneasterarten tragen rote Früchte und sind winterhart.

Maiblumenstrauch
(Deutzia spec.)

Der mittelstark wüchsige Strauch zeigt seine weißen bis rosafarbenen Blüten im Mai/Juni. Als junge Pflanze wird er um etwa die Hälfte zurückgeschnitten. Triebe älterer Pflanzen werden nach der Abblüte auf tiefer liegende Verzweigungen abgesetzt. Ältere Triebe kräftig zurückschneiden.

Ölweide
(Elaeagnus angustifolia)

Der Großstrauch oder Baum erreicht bis zu 7 m Höhe. Charakteristisch sind sein silbriges Laub, die duftenden Blüten und die olivenähnlichen Früchte.
Jungpflanzen erhalten einen Rückschnitt zur Förderung der Verzweigung eines Strauches. Ist eine Baumform erwünscht, wählt man einen kräftigen Trieb und schneidet diesen frei. Bei älteren Pflanzen sind keine Schnittmaßnahmen mehr erforderlich.

WICHTIG ZU WISSEN

Die vitaminreichen süßlich mehligen Früchte der Ölweide sind essbar. Sie haben nichts mit Oliven zu tun, auch wenn sie ihnen ähnlich sehen.

Pfaffenhütchen
(Euonymus europaeus)

Der bis zu 6 m hohe sommergrüne Strauch ist wegen seiner rot-rosafarbenen Früchte und orangefarbenen Samen beliebt. Der kletternde *E. fortunei* ist immergrün.
Als junge Pflanze erhält er einen Rückschnitt, da sich der Strauch im unteren Bereich sonst wenig verzweigt. Bei älteren Pflanzen sind Schnittmaßnahmen kaum erforderlich. Bei zu dichtem Wuchs altes Holz im Winter herausschneiden.

Maiblumen blühen in verschiedenen Farben.

Forsythie, Goldglöckchen
(Forsythia x intermedia)

Die Forsythie ist ein sich auch im unteren Bereich gut verzweigender, bis ca. 2,5 m hoch wachsender Strauch. Die goldgelben Blüten erscheinen im März vor dem Blattaustrieb an vorjährigem Holz sowie an kürzeren Verzweigungen älterer Triebe.
Junge Pflanzen benötigen einen kräftigen Rückschnitt, um kräftiges Triebwachstum anzuregen. Bei älteren Pflanzen werden nach der Blüte die Triebe um die Hälfte zurückgeschnitten. Alte, kaum noch Blüten hervorbringende Triebe kräftig zurücknehmen. Alte, vernachlässigte Pflanzen können nach einem kräftigen Rückschnitt neu aufgebaut werden.

WICHTIG ZU WISSEN

Die zwergwüchsigen Sorten der Forsythie benötigen keinen Schnitt, abgesehen vom Entfernen störender Verzweigungen oder trockener Äste.

Färberginster
(Genista tinctoria)

Der bis zu 1 m hoch wachsende Strauch mit sommerlich goldgelber Blüte wird als Jungpflanze kräftig zurückgeschnitten, weil so die Vieltriebigkeit und die Bildung eines kräftigen Grundgerüstes angeregt wird.
Bei älteren Pflanzen schneidet man im Frühjahr die im Vorjahr gewachsenen Triebe auf 10 bis 15 cm zurück. Ein radikaler Rückschnitt der älteren Pflanze sollte möglichst unterbleiben.

Sommerblühender gelber Färberginster

Ginkgo, Kugelginkgo
(Ginkgo biloba 'Mariken')

Diese Ginkgoform bleibt im Gegensatz zur Art klein. Angezogen wird der Kugelginkgo durch Veredlung auf einen Stamm der Art. Damit ist die Größe vorbestimmt, denn die rundlich wachsende Krone nimmt nur sehr langsam an Größe zu.
Bei jüngeren Pflanzen werden die Spitzen der Kronentriebe im Frühjahr gekappt. Dadurch wird die Verzweigung angeregt.
Bei älteren Pflanzen ist ein Schnitt nicht notwendig. Bei unregelmäßigem Wuchs können einzelne Triebe beschnitten werden. Pflanzen, die in Bodenhöhe veredelt wurden, kann man auch als Bonsai erziehen.

WICHTIG ZU WISSEN

Der Ginkgo ist eine als lebendes Fossil bekannte Baumart. Er weist eine Reihe sehr ursprünglicher Merkmale auf und ist daher streng genommen kein Laubbaum, sondern wird zu den Koniferen gerechnet.

Zaubernuss
(Hamamelis x intermedia)

Die strauchartige oder als kleiner Baum wachsende Zaubernuss blüht im Winter an den kahlen Trieben. Zudem weist die Pflanze im Herbst eine ausgesprochen ansprechende gelb-, rot- und orangefarbene Blattfärbung auf.
Es handelt sich gewöhnlich um Veredlungen, die als junge Pflanze nicht beschnitten werden. Auch bei älteren Pflanzen sollte zurückhaltend vorgegangen werden: Sind einmal Schnittmaßnahmen aus optischen Gründen erwünscht, werden die Sträucher auf Verzweigungen abgesetzt. Triebe aus der Veredlungsunterlage können bis zur Basis bzw. in den Boden hinein abgeschnitten werden.

Hibiskus, Roseneibisch
(Hibiscus syriacis)

Der aus Asien stammende Roseneibisch blüht im Sommer in diversen Farbtönen von Weiß über Gelb bis Bläulichviolett.
Bei jüngeren Pflanzen erfolgt ein kräftiger Rückschnitt auf 10 bis 20 cm. Die unteren Verzweigungen sollten erhalten bleiben. Zur Anzucht eines Stämmchens wird der kräftigste Trieb ausgesucht und belassen, andere Triebe werden im Frühjahr entfernt. In der Folgezeit sich bildende Verzweigungen schneidet man im Winter fort. Aus den oberen Knospen der sich entwickelnden Stammverlängerung wird die Krone gezogen.
Bei älteren Pflanzen wird durch den Rückschnitt abgeblühter Triebe ein Neuzuwachs und somit die Blütenbildung gefördert. Auch ein Spätsommerschnitt ist möglich.

Blühender Roseneibisch.

Sanddornbeeren haben einen hohen Vitamin C-Gehalt.

Sanddorn
(Hippophae rhamnoides)

Der Sanddorn bildet bis 6 m hohe, Ausläufer treibende Büsche oder mehrstämmige kleine Bäume. Die Blüten- und anschließende Fruchtbildung an weiblichen Pflanzen erfolgt im Frühjahr. Er eignet sich auch zur Pflanzung auf sandigen, mageren Böden; die Früchte sind sehr vitaminreich.
Kräftige Jungpflanzen brauchen nicht beschnitten zu werden, ansonsten werden sie lediglich eingekürzt.
Ein Schnitt älterer Exemplare ist kaum notwendig. Gegebenenfalls muss die Ausläuferbildung gebremst werden.

HÄUFIGE FEHLER

Soll Sanddorn als Zierpflanze an einem bestimmten Platz im Garten gehalten werden, müssen nicht nur unerwünschte Ausläufer entfernt werden, sondern auch ein Teil des sich ausbreitenden Wurzelwerkes.

Sanddornpflanze mit erntereifen Früchten.

Gartenhortensie
(Hydrangea macrophylla)

Die Hortensie wächst als dichter Strauch und erreicht sortentypisch eine Größe um 1 bis 1,50 m. Die wuchtigen Blütenstände erscheinen von Juni bis Anfang Herbst an vorjährigem Holz. Die Blütenfarben variieren von Weiß über Rot bis Purpur und Hellblau, auch in Abhängigkeit von den vorhandenen Bodennährstoffen.
Die junge Pflanze wird eingekürzt, damit sie ein kräftiges, vieltriebiges Gerüst aufbauen kann.

Rückschnitt älterer Pflanzen

Hortensien reagieren empfindlich, hier ist die genaue Kenntnis der Art unverzichtbar.

Ein Rückschnitt älterer Pflanzen einschließlich der abgeblühten Blüten erfolgt im Frühjahr. Die aus China stammende sommerblühende Rispenhortensie *(Hydrangea paniculata)* wird durch einen kräftigen Schnitt zum Blühen an diesjährigen Trieben angeregt. Die Kletterhortensie *(H. anomala* subsp. *petiolaris)* wird als jüngere Pflanze an ein Spalier gebunden, später sorgen ihre Haftwurzeln für ausreichenden Halt. Schnittmaßnahmen, wenn gewünscht, beschränken sich auf den Rückschnitt abgeblühter Blütenstände. Hortensienbüsche vertragen auch einen kräftigen Rückschnitt, wenn sie neu aufgebaut werden sollen. Allerdings erscheint die Blüte in dem Fall erst nach dem Jahr des erneuten Austriebes.

Schnitt einer Hortensie

Ansehnlich wachsend – die Kletterhortensie.

HÄUFIGE FEHLER

Werden Gartenhortensien auf 20 bis 40 cm zurückgeschnitten, unterbleibt in dem Jahr die Blüte.

Johanniskraut
(Hypericum spec.)

Immergrüne Johanniskrautsträucher können eine Höhe bis 1 m erreichen. Die großen gelben Blüten erscheinen von Juni bis zum Herbst am jungen Holz.
Der vieltriebige Strauch wird nach dem Pflanzen kräftig zurückgeschnitten.
Bei älteren Pflanzen empfiehlt sich in der Wachstumsruhe ein kräftiger Rückschnitt. Dadurch werden der Austrieb und die Blütenbildung gefördert.

Winterjasmin
(Jasminum nudiflorum)

Der Winterjasmin erreicht eine Höhe und Breite um 2 bis 3 m. An seinen überhängenden vorjährigen grünen kantigen Zweigen bildet er im Frühjahr – gelegentlich aber auch schon im Dezember – in noch blattlosem Zustand zahlreiche hellgelbe leuchtende Blüten. Die Art ist zudem besonders unempfindlich gegenüber Luftverschmutzung und gedeiht daher fast überall.
Ein kräftiger Rückschnitt der Jungpflanzen fördert einen guten Start. Zur Unterstützung des Neuaustriebes älterer Pflanzen können abgeblühte Triebe auf Verzweigungen zurückgenommen werden.

Ranunkelstrauch: Auslichten nach der Blüte

Ranunkelstrauch
(Kerria japonica)

Der Ranunkelstrauch ist ein aufrecht wachsender Strauch mit dunkelgrünen Trieben und goldgelben Blüten, die von April bis Juni am vorjährigen Holz erscheinen.
Ein kräftiger Rückschnitt der Jungpflanzen verhindert zwar eine schnelle Blüte, trägt aber zum Aufbau einer kräftigen Pflanze bei.
Die abgeblühten Teile älterer Pflanzen werden auf eine Verzweigung zurückgeschnitten. Ältere Triebe können stark zurückgeschnitten werden.

Liguster
(Ligustrum spec.*)*

Der sommergrüne, strauchig wachsende Europäische Liguster *(L. vulgare)* erreicht eine Höhe und Breite von etwa 3 m. Wegen seiner besonders guten Schnittverträglichkeit, der Möglichkeit, ihn durch Schnittmaßnahmen zu formen, und seiner intensiv angenehm duftenden Blütenrispen ist Liguster häufig anzutreffen. Die Varietät 'Aureum' der teils wintergrünen Art *L. ovalifolium* hat größere, gelb-grün panaschierte Blätter.
Zur Anzucht von dichten Büschen oder Hecken werden junge Pflanzen um die Hälfte zurückgeschnitten. Auch den jährlichen Zuwachs nimmt man jeweils um die Hälfte zurück, so wird ein gewünschter dichter Wuchs erzielt.

Nur wenn der Rückschnitt älterer Pflanzen weniger intensiv betrieben wird oder ausbleibt, erscheinen die dekorativen duftenden Blütenstände, anschließend der schwarze Beerenschmuck. Bei Bedarf kann Liguster durch starken Rückschnitt verjüngt werden.

Heckenkirsche, Geißblatt
(Lonicera spec.*)*

Die Heckenkirsche *(Lonicera maackii)* erreicht eine Höhe und Breite um 4,5 m. Die weißen duftenden Blüten erscheinen im Juni, anschließend bilden sich dunkelrote leuchtende Beeren. Von der Gattung Lonicera sind etwa weitere 180 Arten bekannt.
Die Triebe jüngerer Pflanzen werden bei der Pflanzung stark eingekürzt. Ältere Pflanzen benötigen keinen Schnitt. Sie können bei Bedarf ausgelichtet werden, ein kräftiger Rückschnitt würde dem Habitus erheblich schaden.

WICHTIG ZU WISSEN

Auf den Stock setzen: zurückschneiden auf 20 bis 40 cm oder Kniehöhe (regional unterschiedlich).
Auf den Stubben setzen: bis eben über den Erdboden zurückschneiden.
Knicken: Äste und Zweige eines Knickes (Wallhecke) umknicken, brechen.

Geschätzte Gartenpflanze – das Geißblatt

Bocksdorn, Goji
(Lycium barbarum)

Bocksdorn erreicht eine Größe um 3 m. Die im unteren Bereich unterschiedlich stark bis wenig bedornten Triebe wachsen überhängend. Die bläulich violetten trichterförmigen „Kartoffelblüten" mit cremeweißem Zentrum erscheinen von Mai bis in den Winter hinein. Seine bis 2 cm großen roten, länglich ovalen, vitaminreichen Beerenfrüchte sind essbar, besonders vitaminreich und auch unter der Bezeichnung Goji-Früchte bekannt.
Die Jungpflanze soll kräftig bis in Bodennähe zurückgeschnitten werden. Ältere Bocksdornpflanzen wuchern, da sie Ausläufer bilden. Den dichten Wuchs kann man durch Rückschnitt einzelner Triebe auflockern, was allerdings nicht einfach ist. Bei Bedarf kann man die gesamte Pflanze „Auf-den-Stock" setzen, also bis auf den Grund bzw. 20 cm darüber zurückschneiden, sodass der Wurzelstock daraufhin neu austreibt.

Blauraute
(Perovskia spec.)

Die Blauraute wächst strauchartig und erreicht eine Höhe und Breite von 1 bis 1,50 m. An den Spitzen der Triebe bilden sich an 30 bis 50 cm langen endständigen Rispen von Juli bis zum Winter violett-blaue Blüten.
Beim Pflanzen erfolgt ein kräftiger Rückschnitt. Da die Pflanzen am jungen Holz blühen, werden die vorjährigen Triebe im Spätwinter auf einige Augen zurückgenommen. So wird ein guter Austrieb angeregt.

Falscher Jasmin
(Philadelphus coronarius)

Der Strauch wird etwa 2 m hoch und trägt 3 cm große, weiße, duftende Blüten. Hellgelbe Blätter hat die Sorte 'Aureus', die Blätter der Sorte 'Variegatus' sind dagegen weiß umrandet.
Beim Pflanzen wird der Strauch um etwa die Hälfte zurückgeschnitten.
Bei älteren Exemplaren wird jedes Jahr ein kleinerer Teil der abgeblühten Triebe kräftig zurückgeschnitten. So wird der Strauch angeregt, immer neue Austriebe zu bilden und somit die Blühfreudigkeit zu erhalten.

WICHTIG ZU WISSEN

Die goldorangefarbenen Früchte der Dreiblättrigen Orange verbleiben bis zum Spätherbst an der dann oft schon blattlosen Pflanze.

Bocksdorn (Goji), schöne Blüten und wertvolle Früchte

Dreiblättrige Orange
(Poncirus trifoliata)

Dieser dornige Strauch erreicht eine Höhe und Breite um 2 m. Im Frühjahr erscheinen viele weiße Blüten, die manchmal etwas knitterig aussehen. Anschließend bilden sich orangenartige, bei der Reife im Herbst gelb-orangefarbene, typisch duftende Früchte. Die Varietät 'Flying Dragon' zeigt einen gedrehten Wuchs; auch ihre oft langen, nach unten weisenden Dornen wachsen mehr oder minder gedreht.
Die anfänglich nur schwach wachsende Pflanze sollte jährlich etwa um gut ein Drittel des Austriebes gestutzt werden, damit sich ein kräftiges Astgerüst aufbaut.
Ausgewachsene Pflanzen werden nicht beschnitten, weil das den Habitus eine lange Zeit stören würde. Auslichtungsschnitte bis zu einer Verzweigung sind möglich.

Poncirus – Zierpflanze und Zitrusunterlage

Fingerstrauch
(Potentilla fruticosa)

Der gut 1 m groß werdende dichte Strauch zeigt seine bis zu 3 cm großen Blüten vom Frühsommer bis zum Herbst. Jüngere Pflanzen schneidet man um die Hälfte zurück. Alte Triebe können regelmäßig herausgeschnitten werden.

Kirschlorbeer
(Prunus laurocerasus)

Der Kirschlorbeer oder auch Lorbeerkirsche ist eine strauch- oder baumartig wachsende, immergrüne, sehr robuste und unempfindliche Pflanze. Er ist gut schnittverträglich und blüht im späten Frühjahr. Die schwarzen Beerenfrüchte erscheinen im Herbst.
Werden junge Pflanzen zurückgeschnitten, entwickeln sich kräftige Sträucher. Wenn gewünscht, können überlange Triebe älterer Pflanzen im Herbst oder Frühjahr auf Seitentriebe oder Knospen zurückgesetzt werden. Von verkahlten Büschen werden zur Lockerung des Aufbaus einige Triebe stark zurückgenommen. Auch nach einem kräftigen Rückschnitt baut sich die Pflanze wieder auf.

Kirschlorbeer kann auch gut als dichte, immergrüne Sichtschutzhecke gezogen werden.

IMMER MIT DER RUHE

Kirschlorbeer als Solitär bzw. Stamm sollte man möglichst mit der Schere schneiden, damit die Blätter nicht zerteilt oder zerrissen werden.

a: Rückschnitt des verkahlten Kirschlorbeers
b: Neu austreibende Pflanze nach Rückschnitt.

Zwergmandel
(Prunus tenella)

Die Zwergmandel erreicht eine Wuchshöhe von etwa 1,50 m und blüht im April/Mai an den vorjährigen Trieben. Die Früchte sind mandelähnlich. Zwergmandeln wuchern und bilden im Lauf der Zeit viele Bodentriebe. Veredelte Pflanzen können auch einfach als Stämmchen gezogen werden.
Bei jüngeren Pflanzen ist ein Schnitt nicht notwendig. Haben die Pflanzen geblüht, werden die Triebe bei wurzelechten Pflanzen kräftig zurückgeschnitten, veredelte nimmt man auf einige Augen über der Veredlungsstelle zurück. Dadurch wird sowohl ein kräftiger Austrieb angeregt als auch einer sonst häufig vorkommenden Moniliainfektion vorgebeugt.

Mandelblüte im Frühjahr.

Besonders auf Mallorca ist die Mandelblüte im Frühjahr ein spektakuläres Ereignis

Zierkirschen-Hybriden
(Prunus spec.*)*

Die strauch- oder baumartig wachsenden Zierkirschen zeichnen sich durch ihre reiche Blüte aus, sie erscheint zwischen März und April. Zierkirschen erreichen eine Höhe bis etwa 4 m und sind überwiegend auf die Vogelkirsche *(Prunus avium)* veredelt.

Schnittmaßnahmen

Die Triebe jüngerer Pflanzen werden zur Förderung eines kräftigen, mehrtriebigen Austriebes um etwa ein Drittel zurückgeschnitten. Sollen Hochstämme angezogen werden, werden sie bis zu einer Höhe um 1,80 m frei geschnitten. Die Kronentriebe kürzt man um die Hälfte, damit sich kräftige Leitäste bilden.
Später benötigen Zierkirschen keine Eingriffe mehr. Altes Holz oder unerwünschte Triebe kann man entfernen. Gelegentlich treibt die Unterlage in der Nähe der Veredlungsstelle aus. Das bemerkt man spätestens dann, wenn diese Triebe zu blühen beginnen. Sie haben weiße Vogelkirschenblüten, die zu den meist in Rosatönen blühenden Zierkirschen einen starken Kontrast bilden.

ALLERHÖCHSTE ZEIT

Zier- und Zwergmandelbäumchen müssen nach der Blüte zurückgeschnitten werden.

Mandelbäumchen
(Prunus triloba)

Das klein bleibende Mandelbäumchen bildet zierende Blütenstände am vorjährigen Holz. Die Pflanzen sind gewöhnlich auf ein Pflaumenstämmchen veredelt. Die Kronentriebe werden stark zurückgeschnitten.
Bei älteren Pflanzen sollen die abgeblühten

Triebe stark zurückgeschnitten werden, damit die neu wachsenden Triebe Blütenanlagen bilden und noch ausreifen können. Ohne Rückschnitt bleiben die jungen Triebe oft schwach, sodass keine ansehnlichen Blüten erscheinen. Durch die Schnittmaßnahmen wird zudem eine eventuelle Moniliainfektion gleich entfernt.

Rhododendron
(Rhododendron spec.*)*

Rhododendren sind kräftig wachsende, immergrüne, großblättrige Sträucher mit großen Blüten in vielen Farben. Sortenabhängig können sie eine Höhe und Breite von mehreren Metern erreichen.
Werden junge, gut verzweigte Pflanzen gepflanzt, ist ein spezieller Schnitt in aller Regel nicht notwendig.

Ältere Pflanzen schneiden

Bei älteren Exemplaren empfiehlt es sich, die Blütenstände nach dem Verblühen abzuschneiden. Bei dieser Pflanze ist ein sehr dichter Wuchs in der Regel erwünscht. Werden kräftigere Triebe herausgeschnitten, entstehen oft Löcher, die kaum wieder geschlossen werden können. Totes Holz muss dagegen entfernt werden. Alte oder verunzierte Pflanzen können – auch wenn bereits dicke Äste ausgebildet sind – als letzte Maßnahme stark zurückgeschnitten (gesägt) werden. Anschließend zeigt die Pflanze möglicherweise keinerlei Belaubung mehr. Der Neuaustrieb kann durch Düngung gefördert werden. Es dauert allerdings mehrere Jahre, bis der Rhododendron wieder ansehnlich wird und erneut blüht.

HÄUFIGE FEHLER

Vorsicht beim stärkeren Rückschnitt einzelner Äste. Entstehende Löcher können den natürlichen Habitus der Pflanze auf Dauer beeinträchtigen.

Skimmie
(Skimmia japonica)

Die Skimmie ist ein immergrüner Strauch von gut 1 m Höhe. Im Spätwinter erscheinen die rispenförmig angeordneten Blüten, gefolgt von roten Beerenfrüchten an weiblichen Pflanzen. Reibt man die Blätter zwischen den Fingern, kann man den arttypischen Duft riechen.
Jüngere Pflanzen benötigen keinen Schnitt, ausgewachsene Exemplare sollte man gegebenenfalls auslichten. Ein Neuaufbau nach Rückschnitt ist möglich.

Rhododendron – im Garten und als Kübelpflanze attraktiv.

Fiederspiere
(Sorbaria sorbifolia)

Die Fiederspiere ist ein bis etwa 2 m hoher Strauch, von dem es zehn Arten gibt. Im Frühsommer trägt der Strauch bis 20 cm lange, gelblich weiße Blütenrispen.

Bei jüngeren Pflanzen erfolgt der Rückschnitt um etwa die Hälfte. Abgeblühte Triebe älterer Exemplare werden fortgeschnitten. Falls erforderlich, kann die Pflanze durch starken Rückschnitt wiederaufgebaut werden.

Robuste Gartenpflanze - die Fiederspiere

Birkenblättriger Spierstrauch
(Spiraea spec.)

Die Gattung *Spiraea* umfasst etwa 80 Arten. *S. japonica* ist ein kleinwüchsiger Strauch mit roter Blüte und dekorativem Blattschmuck. Besonders häufig anzutreffen ist *S.* x *vanhouttei*, der weißblütige belgische Spierstrauch.

Bei der Pflanzung erfolgt ein kräftiger Rückschnitt, dünne Triebe sollen entfernt werden. Zur regelmäßigen Verjüngung wird ein Teil der Triebe ausgewachsener Exemplare bis zum Boden zurückgeschnitten. Das nächstjährige Blühen wird gefördert, wenn man die Triebe mit abgeblühten Blütenständen zurückschneidet. Gerade bei größeren Büschen bedeutet das allerdings einen erheblichen Aufwand.

Knallerbsenstrauch
(Symphoricarpos albus)

Der Strauch erreicht eine Höhe und Breite um 2 m. An seinen drahtigen Trieben bilden sich im Frühjahr in Büscheln etwa 1 cm große weiße Beeren, die beim Drauf-

Knallerbsen am Strauch

treten ein knallartiges Geräusch abgeben. Bei der Pflanzung sollte ein Rückschnitt erfolgen. Schnittmaßnahmen an älteren Pflanzen sollten nur durchgeführt werden, wenn der Wuchs zu große Ausmaße annimmt oder um Ausläufer zu entfernen.

Eibe

(Taxus baccata)

Die Eibe ist ein schon seit Jahrtausenden beliebter, langsamwüchsiger, großer Strauch oder Baum mit nadelförmigen Blättern. Männliche Pflanzen bilden kleine schuppige Zapfen, weibliche (giftige) rote Beeren.
Sollen buchförmige Eiben angezogen werden, kann die junge Pflanze zur Förderung der Verzweigung um ein Drittel zurückgeschnitten werden.
Je nach Wunsch bzw. Verwendungszweck wird die Eibe beschnitten. Sie eignet sich besonders zur Heckenpflanzung oder zum Modellieren einer Formhecke oder großer Kugeln. Der Schnitt sollte im Frühjahr erfolgen, ein zweiter bei entsprechendem Wuchs dann im Juni/Juli. So erfolgt ein nochmaliges kräftiges Durchtreiben.

Koniferen schneiden

Koniferen wie solche der Gattungen *Abies* (Tanne), *Cedrus* (Zeder), *Chamaecyparis* (Scheinzypresse), *Juniperus* (Wacholder), *Metasequoia* (Urweltmammutbaum), *Picea* (Fichte), *Pinus* (Kiefer), *Taxus* (Eibe), *Thuja* (Lebensbaum) werden - bis auf notwendige Korrekturschnitte - möglichst nicht beschnitten.
Unsachgemäßer Rückschnitt kann, von Ausnahmen abgesehen, zu dauerhaften Kahlstellen führen.
Ein Schwachwuchs bei stark wüchsigen Nadelgehölzen ist durch Schnittmaßnahmen unter Beibehaltung des natürlichen Habitus nicht zufriedenstellend zu erzielen.

WICHTIG ZU WISSEN

Es ist ratsam, Koniferenhecken regelmäßig zweimal jährlich zu schneiden. Wird das einige Jahre hintereinander unterlassen, wäre ein Rückschnitt oft nur noch ins alte Holz möglich, und dann entstehen meistens Lücken, die sich nicht wieder begrünen. Ausnahme: Eiben und einige Kiefern.

Schneeball

(Viburnum spec.)

Die Gattung *Viburnum* umfasst etwa 150 Arten. Die Sträucher oder kleinen Bäume sind sommer- bis immergrün. Viele der Arten sind wegen ihrer auffälligen, duftenden Blüten geschätzt, die zuweilen die Form eines Balles (z. B. *V. opulus* 'Roseum') aufweisen oder einer Hortensienblüte ähneln *(V. plicatum)*.
Die meisten in Kultur befindlichen Arten werden nach dem Pflanzen zurückgeschnitten. Ältere Triebe können herausgeschnitten werden, ein Auslichtungsschnitt kann bei Bedarf ausgeführt werden.

WICHTIG ZU WISSEN

Viburnum tinus, der Mittelmeerschneeball, wird nach der Blüte geschnitten. Die Art sollte einen Winterschutz erhalten oder als Kübelpflanze kultiviert werden.

Weigelie

(Weigela florida)

Der Strauch erreicht eine Höhe und Breite um 2 bis 3 m. Die von Weiß über Gelb bis rötlichen Blüten erscheinen im Mai und Juni.
Ein Schnitt jüngerer Pflanzen ist für gewöhnlich nicht erforderlich.
Bei älteren Exemplaren wird bei Bedarf ein Auslichtungsschnitt vorgenommen. Alte und verunzierte Sträucher können nach einem kräftigen Rückschnitt vollkommen neu aufgebaut werden.

Kletter- und Rankpflanzen

Die meisten Kletterpflanzen sind starkwüchsig und müssen in Schach gehalten werden.

Kletterpflanzen haben Strategien entwickelt, um an unterschiedlichen Gegenständen emporklettern zu können. Sie bilden kein eigenes Astgerüst, das sie trägt und in die Höhe wachsen lässt. Verholzende mehrjährige Kletterpflanzen werden auch Lianen genannt.

Rankpflanzen bilden besondere Rankorgane (Ranken) aus, mit denen sie sich an Zweigen oder Rankhilfen festhalten und so in die Höhe wachsen. Auch bei den mit Haftscheiben an den Enden der Ranken ausgestatteten Arten des Wilden Weins (Jungfernrebe, *Parthenocissus tricuspidata, Parthenocissus quinquefolia*) handelt es sich um Rankpflanzen.

Kiwi, Strahlengriffel
(Actinidia spec.)

Kiwi ist eine sehr starkwüchsige Kletterpflanze mit dekorativem Laub *(A. kolomikta)* und vitaminreichen Früchten *(A. deliciosa, A. arguta)*. Zur Ausbildung von Früchten sind eine männliche und eine weibliche Pflanze erforderlich.

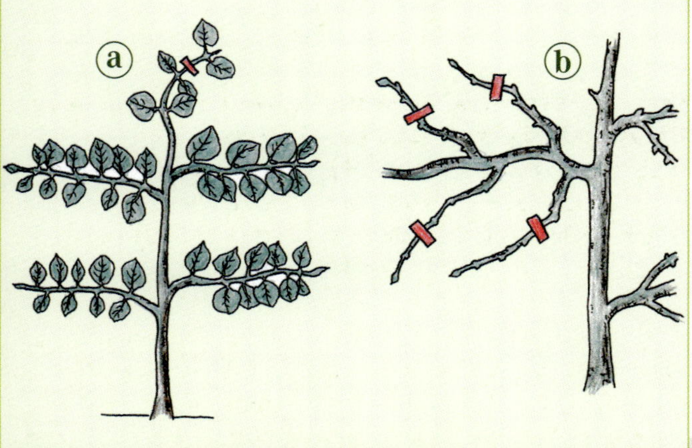

a: Schnitt zur Höhenbegrenzung
b: Rückschnitt der Seitenverzweigung im Folgejahr

Kiwis lassen sich gut am Spalier ziehen. Die Jungpflanzen werden auf etwa 30 cm zurückgeschnitten, so wird ihr Wuchs gefördert. Den Austrieb einfach in gewünschter Höhe kappen. Anschließend baut man durch zwei waagerecht wachsende Triebe ein Spalier auf. Bei veredelten Pflanzen müssen die Austriebe unterhalb der Veredlungsstelle sogleich entfernt werden. Im Übrigen ähnelt der weitere Schnitt dem des Weines (siehe Seite 38).

Jährliche Ernte vom Kiwispalier an einer Garagenwand.

Trompetenblume
(Campsis radicans)

Die starkwüchsige Kletterpflanze zeichnet sich durch hübsche, trompetenförmige Blüten aus. Nach der Pflanzung schneidet man auf etwa 15 bis 20 cm zurück. Bei älteren Exemplaren wird der vorjährige Zuwachs im Frühjahr um die Hälfte zurückgeschnitten, damit sich ein möglichst kräftiger Neutrieb bildet, an dem sich dann im Sommer die Blüten bilden.

HÄUFIGE FEHLER

Bei vielen etablierten Kletterpflanzen erübrigt sich ein starker Schnitt. Hingegen sollen die Triebe so gelegt und vorerst fixiert werden, wie es gewünscht ist.

Hopfen
(Humulus lupulus)

Hopfen ist sowohl eine Nutz- als auch eine dekorative Kletterpflanze. Ihre Triebe können mehrere Meter Länge erreichen.
Man kann Hopfen an ein Draht-Spalier binden. Etwa drei Triebe der Jungpflanze werden im Frühjahr daran festgebunden. Die übrigen schneidet man tief ab. Als Nutzpflanze angebaut, wird der Hopfen etwa ab Ende August tief abgeschnitten.

Waldrebe, Clematis
(Clematis spec.*)*

Bei den Arten der Gattung *Clematis* (Waldrebe) handelt es sich überwiegend um schlingende Pflanzen (Blattstielranker), die bedingt bis völlig winterhart sind. Sie benötigen eine leichte Rankhilfe. Wildformen blühen in der Regel an diesjährigen Kurztrieben vorjähriger Ranken (vgl. Weinreben), daher werden sie kaum beschnitten. Ein Neuaufbau nach einem Rückschnitt der Triebe um die Hälfte ist möglich. Hybriden blühen auch an einjährigem Holz, daher erfolgt im Frühjahr ein Rückschnitt auf etwa 50 cm. Sommerblühende Hybriden, die nur am diesjährigen Holz blühen, können auf 30 cm zurückgeschnitten werden.

WICHTIG ZU WISSEN

Clematis können zwar an einen halbschattigen Standort gepflanzt werden, die Triebe sollten aber in einen hellen und sonnigen Bereich gelenkt werden.

Efeu
(Hedera helix)

Efeu ist die wohl am weitesten verbreitete selbstkletternde Rankpflanze. Durch ihre Haftwurzeln benötigt sie keine Kletterhilfen, allerdings können solche Vorrichtungen einen gewünschten Wuchs vorgeben. Neben der Wildart werden viele Sorten kultiviert.

Stark mit Efeu bewachsene Hausfassade.

Bei jungen Pflanzen sind Schnittmaßnahmen nicht erforderlich. Sie wachsen noch recht langsam, durch ihre Haftwurzeln können sie problemlos Putzwände, Pfähle und Bäume bewachsen.

Efeu in Form bringen

Älterer Efeu kann in jede gewünschte Form gebracht werden, auch mit einer einfachen Heckenschere. Rückschnittmaßnahmen kön-nen notwendig werden, wenn die zähen Pflanzen Gebäudeteile zu schädigen drohen, wie z. B. durch Überwuchern und Verstopfen von Fallrohröffnungen, durch Schaffung eines dauerhaft feuchten Klimas an Hauswänden und durch eine Wuchsbeeinträchtigung von überwachsenen Sträuchern und Bäumen.

Wilder Wein
(Parthenocissus spec.)

P. inserta windet sich an Spalieren oder Bäumen in die Höhe, *P. quinquefolia* und *P. tricuspidata* bilden Haftwurzeln, mit denen sie auch an Wänden Halt finden können. Da die Pflanzen gewöhnlich wegen ihres starken Wachstums gepflanzt werden, erübrigt sich ein Beschneiden.
Bei zu starkem Wuchs sollten Schnittmaßnahmen Anfang des Winters vorgenommen werden, um ein starkes Bluten auszuschließen.

Klimmer, Ranker, Schlinger

Selbstklimmer benötigen keine Kletterhilfen, sie klettern an einer Wand, an einem Stamm oder an einer ähnlichen Unterlage selbst empor.
Beispiel: Efeuarten, Wilder Wein

Ranker benötigen Rankhilfen in Form von Holz- oder Drahtspalieren.
Beispiel: Wein *(Vitis* spec.), Passionsblumen.

Blattstielranker bevorzugen Kletterhilfen aus Zweigen oder Draht.
Beispiel: Waldrebe

Spreizklimmern sollte eine Kletterhilfe aus Holz, z.B. bespannt mit Drahtseilen bereitgestellt werden.
Beispiel: Kletterrosen, Brombeeren

Schlingende Pflanzen benötigen ein Gerüst, dass ihrem Wuchs entspricht. Im Laufe der Zeit können Schlinger sehr große Kräfte ausüben. Beispiel: Glyzine (Wisterie)

Auch **Sträucher** können einen kletternden Wuchs aufweisen. Ihre langen Triebe sollten aufgebunden werden.
Beispiel: Winterjasmin, Bocksdorn, Apfel- und Birnenspaliere, Asiatische Birne

Passiflora incarnata, Passionsblume

Passionsblume
(Passiflora spec.)

Weit über 500 Passionsblumenarten und eine weitere Vielzahl von Hybriden sind weltweit bekannt, gelegentlich werden auch neue Arten entdeckt. Sie zeichnen sich alle durch ihre ungewöhnlich aufgebauten, sehr dekorativen Blüten aus. Auch die besondere Schmackhaftigkeit der Früchte einiger Arten (Maracuja, Granadilla, Curuba, Badea) und ihr überwiegend kräftiger, rankender, starker Wuchs sind charakteristisch. Das sommerliche Triebwachstum kann mehrere Meter betragen.

Winterharte Arten

Zu den bei uns überwiegend winterharten Arten zählen *Passiflora caerulea*, *P. incarnata* und *P. lutea*. Häufig im Handel anzutreffen und beliebt ist die Blaue Passionsblume *(P. caerulea)* und verschiedene ihrer Hybriden. Gepflanzt werden die Ranker im Frühjahr, damit sie Zeit haben, sich gut zu bewurzeln. Ihre optimale Frosthärte erreichen Passionsblumen nach zwei bis drei Jahren, daher sollte man ihnen anfangs unbedingt einen Winterschutz zukommen lassen, zur Sicherheit auch später. Für Besitzer eines frostfreien oder unbeheizten Glashauses ist die *Passiflora*-Kultur mit weniger Risiken behaftet.

Schnitt und Pflege

Mehrtriebige Jungpflanzen bindet man an ein Spalier und lässt sie unbeschnitten, eintriebige werden zurückgeschnitten, damit sie sich gut verzweigen können.
Abgetragene und ältere Triebe von P. caerulea werden zurückgeschnitten. So erfolgt eine Verjüngung und die Blütenbildung wird gefördert. Die abgeschnittenen Triebe sollten aus dem Spalier entfernt werden. Das ist zwar nicht immer ganz einfach, aber sinnvoll, da die trockenen Triebe meist sehr unschön aussehen.
Auch wenn Passionsblumen sich am Spalier durch ihre Ranken halten (Tendril-Kletterer), kann es ratsam sein, junge Triebe am Spalier anzubinden und ihnen somit die gewünschte Wuchsrichtung vorzugeben. Die Ranken von *P. incarnata* sterben gewöhnlich im Winter ab und bauen sich im Frühjahr von Jahr zu Jahr aus den fleischigen Wurzeln kräftiger auf. Diese Art kann durch Schnittmaßnahmen auch buschig gezogen werden.

Glyzine, Blauregen
(Wisteria sinensis, W. floribunda)

Der Blauregen ist eine starkwüchsige Kletterpflanze und besonders beliebt zum Begrünen großer Pergolen. Sehr dekorativ sind ihre großen blauen herabhängenden Blütenstände.
Reinweiß blüht *W. floribunda* 'Alba', rosa Blüten erscheinen bei 'Honbeni' (syn. 'Rosea').

Erziehung am Spalier

Um Blauregen am Spalier zu ziehen, wird der kräftigste Trieb auf 60 cm zurückgeschnitten (a). Im folgenden Winter schneidet man die unteren beiden Äste auf ca. 50 cm zurück und bindet sie waagerecht fest, den Mitteltrieb auf 70 cm schneiden und ebenfalls anbinden (b). Ab Frühsommer dann die weitere Etage aufbauen, anbinden und die Seitentriebe auf 15 cm kürzen (c). Im Winter kürzt man die Leittriebe des Spaliers um ein Drittel. Wenn die gewünschte Spalierhöhe erreicht ist, sollte die Stammverlängerung gekappt werden, anderenfalls wie beschrieben weiterziehen.
Im Spätsommer werden die nicht zum Gerüstaufbau gehörenden Triebe auf 15 cm zurückgeschnitten, im Winter nochmals auf 5 bis 10 cm. Es müssen mindestens zwei Augen an den Aststummeln verbleiben. Hieraus entwickeln sich dann Triebe mit reichem Blütenansatz.

Weiße Glyzine

Werden Glyzinen nicht geschnitten, ersticken sie schnell alles unter sich.

WICHTIG ZU WISSEN

Blauregen bildet schnell sehr starke Triebe, die schwache Spaliere erdrücken oder sogar zum Einsturz bringen können. Dicht an Gebäude gepflanzt kann Blauregen zu Bauschäden führen. Daher ist die Standortwahl für diese schöne Pflanze von großer Wichtigkeit.

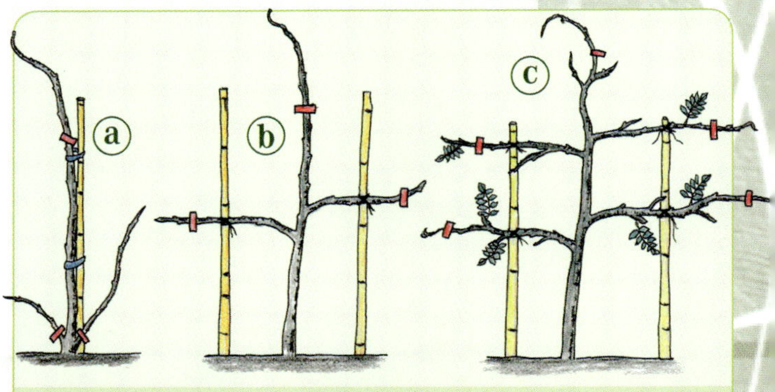

Schnitt- und Erziehung der Glyzine

Kübelpflanzen

Kübelpflanzen sind beliebt, weil sie auf flexible Art Räume oder Terrassen verschönern. Abhängig von Jahreszeit, Temperatur und weiteren klimatischen Gegebenheiten wird dabei der Standort für die jeweilige Art ausgewählt.
Der natürliche Habitus der Pflanze sollte auch bei der Kübelkultur ohne erhebliche Schnittmaßnahmen erzielt werden können. Daher ist es nicht sinnvoll, besonders stark wachsende und groß werdende Arten in Kübeln zu halten.
Besonders beliebt für die Kübelkultur sind mediterrane Pflanzen. Zur Überwinterung werden sie in einen frostgeschützten Raum bzw. in ein beheiztes Glashaus gestellt. In den vergangenen Jahrhunderten haben Könige, Fürsten und reiche Kaufleute mit Vorliebe Pomeranzen als Schmuck- und Obstpflanzen in dekorativen Kübeln gehalten. Die Überwinterung erfolgte in eigens dafür erstellten Gebäuden, den Orangerien.

Ein guter Zeitpunkt für den Schnitt von Kübelpflanzen ist vor dem Transport ins Winterquartier.

Abelie
(Abelia spec.)

Die unregelmäßig wachsenden Sträucher werden bis zu 2 m hoch. Es gibt Laub abwerfende und immergrüne Arten. Abelien blühen an den Spitzen von Kurztrieben. Ein Winterschutz wird empfohlen.
Die junge Pflanze benötigt einen kräftigen Rückschnitt, damit sich ein vieltriebiger Strauch entwicken kann. Ältere Exemplare schneidet man nach der Blüte (Mai/Juni) um etwa ein Drittel zurück.

Erdbeerbaum
(Arbutus unedo)

Der Erdbeerbaum wächst buschig oder als kleinerer Baum. Er wird wegen seiner herbstlichen weißen dekorativen Glockenblüten gern als Kübelpflanze gehalten. Ein Rückschnitt junger Pflanzen kann zu Mehrtriebigkeit führen. Bei ausgewachsenen Exemplaren sind regelmäßige Schnittmaßnahmen in der Regel entbehrlich, nach starkem Rückschnitt muss ein Neuaufbau erfolgen.

Erdbeerbaum, dekorativ im Kübel.

Bougainvillea
(Bougainvillea spec.)

Die starkwüchsige Kletterpflanze bildet von Frühjahr bis Herbst recht kleine, unscheinbare Blüten, die von einer Vielzahl farbiger Hochblätter umgeben sind. Ein Rückschnitt der jungen Pflanzen regt zur Verzweigung an, ältere schneidet man im Frühjahr zurück, gegebenenfalls auch nach Blütenschüben, um die Pflanze klein zu halten.

Die Bougainvillea mag keine Kälte.

Engelstrompete
(Brugmansia spec.)

Der kräftige Busch zeigt große, oft nachts duftende, dekorative Blüten. Junge Stecklinge werden auf 20 bis 30 cm zurückgeschnitten, ältere Pflanzen schneidet man im Frühjahr nach Wunsch zurück. Die Blüten bilden sich am diesjährigen Austrieb. Im Lauf der Jahre können sich sehr kräftige Äste bilden, die dann nicht mehr stark beschnitten werden. So wird die Blütenfülle gefördert.

HÄUFIGE FEHLER

Noch vor Kurzem wurden Engelstrompeten der Gattung *Datura* zugerechnet. Nach neuester Nomenklatur werden sie in einer eigenen Gattung *Brugmansia* geführt.
Unter Daturen versteht man heute Stechäpfel, zuweilen ebenfalls als Engelstrompeten bezeichnet. Pflanzen dieser Gattung werden gewöhnlich jedoch nicht beschnitten.

Teepflanze, Kamelie
(Camellia spec.)

Kamelien wachsen anfangs recht langsam, die roten, seltener weißen oder gelben Blüten erscheinen im Winter. Stecklingspflanzen werden pinziert, wenn aus ihnen Büsche werden sollen. Kamelien wachsen kompakt, ein regelmäßiger Schnitt ist nicht erforderlich. Der Auslichtungsschnitt oder das Entfernen unerwünschter Triebe werden im Frühjahr nach der Blüte vorgenommen.
Zur Erzeugung einer großen Blattmenge schneidet man die Triebe der Teepflanze *(C. sinensis)* bei einer Länge um 10 bis 20 cm auf zwei bis drei Knospen zurück. In Indien kann das über dreißig Mal im Jahr erfolgen.

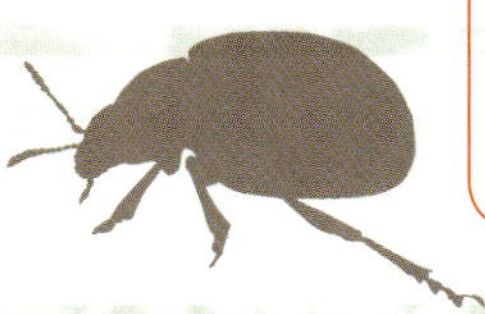

Viele Kameliensorten sind winterhart.

Zitruspflanzen
(Citrus spec.)

Zitruspflanzen werden bei uns als Zier-, seltener als Obstgehölze gezogen. Sie wachsen zu Sträuchern oder kleinen Bäumen heran. Junge Veredlungen schneidet man auf die gewünschte Höhe (z. B. 50 cm) zurück, um dann eine Krone auszubilden. Die Kronentriebe älterer Pflanzen werden in den ersten Jahren im Frühjahr um etwa die Hälfte auf nach außen weisende Augen eingekürzt, sodass sich ein kräftiges Leitastgerüst aufbaut. Die Krone sollte ausgelichtet werden, so wird reiches Blühen und Fruchten gefördert. Pomeranzen *(C. aurantium)* erhalten ihren jährlichen Formschnitt im Frühjahr kurz vor dem Austrieb.

HÄUFIGE FEHLER

Bei vorhandenen Blüten oder Früchten werden Schnittmaßnahmen bei *Citrus* oft zurückhaltend durchgeführt. Das ist falsch, notwendige Schnittmaßnahmen – insbesondere im Frühjahr – müssen ohne Rücksicht auf Blüten oder Früchte ausgeführt werden. Man darf nicht trauern, wenn diese der Schere zum Opfer fallen.

Der Korallenstrauch wird kräftig zurückgeschnitten.

Blütenprächtige Fuchsie

Korallenstrauch
(Erythrina spec.)

Der Strauch oder kleine Baum bildet vom Sommer bis in den Herbst hinein eine Vielzahl roter hahnenkammähnlicher Blüten. Vor dem herbstlichen Einräumen werden beschädigte oder trockene Triebe entfernt. Im Frühjahr, nach der Überwinterung, schneidet man vertrocknete Triebe fort. Steht nur wenig Überwinterungsplatz zur Verfügung, kann auch schon beim Einräumen kräftiger zurückgeschnitten werden.

Freilandfuchsie, Fuchsie
(Fuchsia magellanica)

Fuchsien sind - sortenabhängig - gut bis 1 m hoch wachsende Sträucher mit glockenartigen Blüten in vielen weißen bis roten und purpurfarbenen Farbtönen. Blüten erscheinen am diesjährigen Austrieb, die dunklen kugelförmigen Früchte sind essbar. Nach Versuchen an der Fachhochschule Weihenstephan sind weitere Fuchsienhybriden wie 'Ire', 'Elysée', 'Genii', 'Little Beauty' sowie die Varietäten 'Globosa' und 'Gracilis' obiger Art als winterhart zu empfehlen. Jungpflanzen werden zur Förderung der Vieltriebigkeit um die Hälfte zurückgeschnitten und schwächere Triebe entfernt. Bei älteren Pflanzen werden junge Triebe im Frühjahr auf wenige Knospen zurückgesetzt. Durch das im Lauf der Zeit verholzende Astgerüst wird die Winterfestigkeit positiv beeinflusst.

ALLERHÖCHSTE ZEIT

Bei einer Lagerstroemie sollte mit dem Rückschnitt nicht zu lange gewartet werden! Im Austrieb wird sie durch Schnittmaßnahmen geschwächt und kommt in dem betreffenden Jahr unter Umständen nicht mehr zur Blüte.

Lagerstroemie
(Lagerstroemia indica)

Die Lagerstroemie oder Kreppmyrte ist südlich der Alpen vielerorts ein beliebter größerer Strauch oder kleiner Baum. Die Besonderheit dieser Pflanze sind ihre vielen, in großen Blütenrispen vereinigten kleinen kreppartigen Einzelblüten vom Sommer bis in den Spätherbst. Auch bei uns ist die Pflanze an günstigen Stellen winterhart, allerdings kommt sie bei einer Freilandüberwinterung nur selten oder nur kurz zur Blüte.

Kreppmyrte im Spätsommer

Beim Schnitt sollte man immer vor Augen haben, wie die Pflanze einmal aussehen soll.

Schnittmaßnahmen

Zur Bildung eines mehrtriebigen Strauches wird die wüchsige Pflanze bis auf 20 cm über dem Boden zurückgeschnitten. Wird eine Stammform gewünscht, sollte der kräftigste sich entwickelnde Neutrieb an einen Stab gebunden und in gewünschter Höhe gekappt werden.
Ein kräftiger Rückschnitt im Herbst oder im Frühjahr ist ausschlaggebend für eine reiche Blüte an großen Rispen. Die Blütenbildung erfolgt an den Triebspitzen der Jahrestriebe und an den Seitentrieben des vorjährigen Holzes.

Wandelröschen
(Lantana spec.)

Der wüchsige, reich blühende Zierstrauch zeigt eine Vielzahl von doldenartig angeordneten, mehrfarbigen kleinen Röhrenblüten. Ein kräftiger Rückschnitt der Jungpflanze fördert den strauchartigen Wuchscharakter und die Blütenbildung. Die Anzucht von Stämmchen erfolgt durch das Anbinden des kräftigsten Triebes. Wegen des positiven Einflusses auf die Blütenbildung ist ein Rückschnitt älterer Exemplare um die Hälfte bis zu zwei Dritteln angeraten.

Frostsensibler Dauerblüher: Wandelröschen

Lorbeerbaum
(Laurus nobilis)

Der große, langsam wachsende immergrüne Strauch oder Baum ist gut schnittverträglich. Eine ansehnliche buschige Krone erreicht man durch einen leichten Rückschnitt im Frühjahr. Formschnitt und Heckenschnitt - in wärmeren Gebieten - erfolgen im Sommer. Bei Schnittmaßnahmen sollen immer Triebe bzw. Teile davon entfernt werden. Zerschnittene Blätter bekommen einen braunen Rand, und die ganze Pflanze kann dann unansehnlich wirken.

WICHTIG ZU WISSEN

Lorbeer wird nicht selten von lästigen Schildläusen befallen, deren Bekämpfung schwierig sein kann. Nach einem Rückschnitt und anschließender Behandlung mit einem Mineralölspritzmittel haben die Schädlinge jedoch kaum noch eine Chance.

Vorsicht beim Schnitt vom Oleander, viele Menschen reagieren allergisch auf die Pflanze.

Oleander - schnittverträgliche Kübelpflanze

Teebaum, Myrtenheide
(Melaleuca spec.*)*

Die baumartig oder buschig wachsende Pflanze hat nadelartige Blätter, ähnlich denen des verwandten Zylinderputzers *(Callistemon citrinus)*. Die cremeweißen Blüten sind ährenartig angeordnet. Abgeblühte Triebe können bei strauchartig wachsenden Pflanzen bis zum Boden zurückgeschnitten werden. Baumartig wachsende sollten im Frühjahr kräftig geschnitten werden, um einen kompakten Wuchs zu erzielen.

Oleander
(Nerium oleander)

Oleander ist ein kräftig wachsender Strauch oder kleiner Baum mit reicher Blüte in verschiedenen Farben. Junge Stecklingspflanzen werden vor dem Austrieb zurückgeschnitten, damit sich ein vieltriebiger Busch entwickeln kann. Einen Stamm erzielt man, wenn der kräftigste Trieb angebunden und die anderen fortgeschnitten werden.
Im Grunde hat der Oleander keinen großen Schnittbedarf, wenn man mit seiner Größenentwicklung einverstanden ist. Allerdings neigt er zum Verkahlen, insbesondere wenn Teile der Pflanze dauerhaft beschattet werden. In diesem Fall sollte der betreffende Trieb stark zurückgeschnitten werden. Es ist zu bedenken, dass nach einem Rückschnitt die Blüte in dem betreffenden Jahr ausbleibt. Daher sollten stärkere Eingriffe möglichst auf mehrere Jahre verteilt werden.

WICHTIG ZU WISSEN

Kleinwüchsiger Oleander ist als Topfpflanze im Handel erhältlich. Hier sollten keine Schnittmaßnahmen erfolgen, weil die Kleinwüchsigkeit oft mit chemischen Stauchemitteln erzielt wurde und Schnittmaßnahmen nicht unbedingt das gewünschte Ergebnis zeitigen.

Rosen

Rosen benötigen zum gesunden Wuchs und zur optimalen Blütenbildung einen sonnigen Standort. Günstig ist zudem ein lockerer humoser und nährstoffreicher Boden. Die beste Pflanzzeit ist der Herbst, weil die Rose bis zum Austrieb im Frühjahr anwachsen kann und ihr keine winterliche Zwischenlagerung im Einschlag oder im Kühlhaus zugemutet werden muss. Die Veredlungsstelle von Rosen soll sich – im Gegensatz zu denen bei der Obstgehölzpflanzung – 5 cm im Boden befinden. Containerrosen können jederzeit gepflanzt werden. Bei ihnen befindet sich das gesamte Wurzelwerk in Erde „verpackt" im Pflanzgefäß, sodass Anwachsprobleme aufgrund beschädigter Wurzeln nicht auftreten können. Allerdings müssen sie, wie auch wurzelnackte Ware, vor und nach dem Pflanzen intensiv gewässert werden.

Allgemeiner Pflanzschnitt

Der Rückschnitt der Rose erfolgt im Frühjahr auf drei bis fünf Augen.
Strauch- und Wildrosen sollten um ein bis zwei Drittel zurückgeschnitten werden.
Kletterrosen schneidet man auf ca. acht Augen (schwächere Pflanzen) bzw. zwölf Augen (kräftigere Pflanzen) zurück.

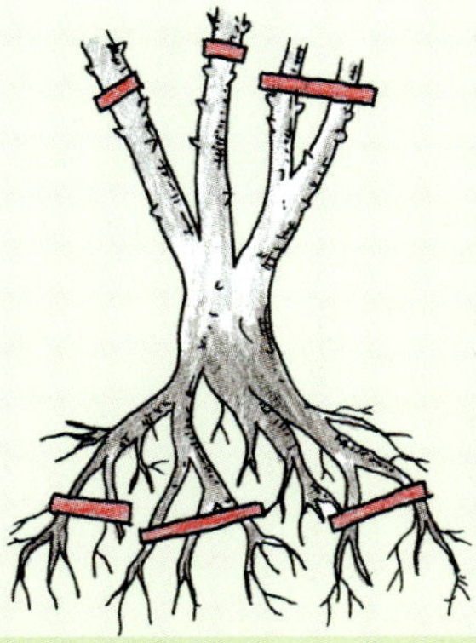

Pflanzschnitt der Rose

Rosen sorgfältig pflanzen!

Rosen pflanzen

Vor dem Pflanzen werden beschädigte, verdorbene und abgestorbene Wurzelteile vollständig weggeschnitten. Dann erfolgt ein Rückschnitt der Wurzeln auf eine Länge von etwa 20 cm, gemessen ab der Veredlungsstelle am Wurzelhals (wulstartige Verdickung). Ein Pflanzschnitt der Rose erfolgt im Frühjahr, aber auch bei der Herbstpflanzung. Sparrige und lange Triebe können aus praktischen Erwägungen bereits im Herbst einen teilweisen Rückschnitt erhalten.

WICHTIG ZU WISSEN

Triebe mit abgeblühten Rosen sollten um etwa ein Drittel zurückgeschnitten werden. Oft bilden sich daraufhin im selben Jahr weitere Blütentriebe.

Rosen brauchen Pflege

Rosen zählen bei uns zu den beliebtesten Zierpflanzen. Für nahezu alle Gärten eignen sie sich, wenn sie einen sonnigen, warmen Platz erhalten und der Boden nährstoffreich, locker und tiefgründig ist. Um die wahre Schönheit von Rosen zu erfahren, müssen sie jedoch gepflegt werden.

Dazu gehört neben einer ordnungsgemäßen Versorgung mit Nährstoffen durch Kompost- oder Düngergaben auch der jeweils zuträgliche Schnitt.
Unansehnlich sind Rosen mit langen kahlen Trieben, kleinen Blüten an großblütigen Sorten und mit von Pilzkrankheiten überzogenen Blättern.

Standortnachteile ausgleichen

Wer in Südeuropa die schönsten Rosen in hartem Lehmboden sieht, kann daraus nicht folgern, dass die gleichen Pflanzen auch bei uns in einem solchen Boden gedeihen oder ebenso schön erblühen. Das ist ein Trugschluss, denn wenn in Südeuropa die Wachstumsbedingungen hinsichtlich eines Aspektes nicht optimal gegeben sind, so sind die anderen Notwendigkeiten zur optimalen Rosenkultur doch vorhanden, insbesondere der sonnige Standort und das warme Klima. Dieses können wir in Mitteleuropa nicht bieten. Daher müssen wir dafür sorgen, dass alle anderen Wachstumsbedingungen zur Rosenkultur so gut es geht gegeben sind.

Rosen im Kübel

Wer meint, seine Rosen kommen mit den Gegebenheiten in seinem Garten nicht zurecht, kann die Pflanzen auch in Kübelkultur halten. Weil Rosen ein kräftiges Wurzelwerk ausbilden, müssen recht große Pflanzgefäße und vor allem ausreichend hohe verwandt werden, auch wenn die im Handel angebotenen qualitativ hochwertigen Pflanzen gewöhnlich (nur) in einem 8-Liter-Rosencontainer stehen. Diese Containergröße ist für eine dauerhafte Kübelkultur nicht ausreichend.
Obgleich Rosen zu den winterharten Pflanzen zählen, sollten sie bei Kübelkultur in einem geeigneten Raum oder an einem besonders geschützten Platz überwintert werden. Auch Stammrosen bedürfen eines Winterschutzes, weil sehr niedrige Temperaturen den Stamm und die Krone schädigen können.

Einteilung der Rosen

Sehr wichtig bei der Auswahl von Rosen ist der geplante Verwendungszweck im und am Haus, aber auch der persönliche Geschmack spielt eine Rolle. Dabei unterscheidet man Rosen nach ihrer Wuchsform und nach ihrem Blühverhalten. Im Folgenden eine Übersicht der verschiedenen Wuchsformen.

Bodendeckerrosen

Bodenbedeckende, nieder liegende Rosen, die im Lauf der Zeit 1 m Höhe erreichen können.
Frühjahrsrückschnitt: Abgestorbenes Holz entfernen

Floribundarosen, Beetrosen

Edelrosenartige, büschelige Blütenstände, lang andauernd blühend.
Frühjahrsschnitt: Rückschnitt auf ca. fünf Augen

Kletterrosen, Heckenrosen

Kletternde Triebe benötigen einen Halt (Spalier, Pfahl, Zaun), Spreizklimmer:
Frühjahrsschnitt, entspitzen oder mäßiger Rückschnitt, um den Wuchs anzuregen und die Verzweigung zu fördern. Altes (verkahltes) Holz entfernen.

Miniaturrosen, Zwergrosen

Solche Rosen werden oft als Topfpflanzen angeboten, sie stammen auch aus Stecklingsvermehrung.
Frühjahrsschnitt: Rückschnitt auf etwa 10 bis 15 cm, ausputzen

Hagebutten, das Obst der Rosen.

Polyantharosen, Beetrosen

Viele doldenartige Blütenstände mit einfachen bis gefüllten Blüten. Frühjahrsschnitt: Rückschnitt um etwa ein Drittel

Stammrosen und Trauerstämme

Rosenstämme werden häufig aus der Hundsrose (*Rosa canina* 'Pfänder') angezogen, weil diese Art kräftige gerade Stämme bildet und besonders frosthart ist.

Frühjahrsrückschnitt: Teehybriden als Stammrosen werden im Frühjahr auf 10 bis 15 cm zurückgeschnitten, älteres Holz auch stärker. Schwache Triebe entfernt man vollständig. Wegen der langen Triebe empfiehlt sich ein erster Teilrückschnitt im Herbst. So ist ein eventueller Winterschutz einfacher anzubringen. Werden Kletterrosen mit recht dünnen, biegsamen Trieben auf Rosenstämme veredelt, weisen sie einen hängenden Wuchs auf und werden Trauerrosen genannt. Sie blühen zumeist am zweijährigen Holz. Nach der Blüte oder im Frühjahr werden die abgeblühten Triebe stark zurückgeschnitten oder auf zurückliegende Verzweigungen abgeleitet.

Starkwüchsige Strauchrosen

Frühjahrsrückschnitt: Auslichtungsschnitt, Entfernung alter und zu dicht beieinanderstehender Triebe, Rückschnitt bis zu zwei Dritteln. Kräftiger Rückschnitt zum Neuaufbau möglich.

Teehybriden und Edelrosen

Meist langstielige Edelsorten, oft gefüllte Blüten. Im Frühjahr Rückschnitt auf drei (bei schwachem Wuchs) bis acht Augen (bei starkem Wuchs).

Ramblerrosen

Einmal blühende Ramblerrosen sind stark wüchsige Kletterrosen. Ihre oft büschelig angeordneten Blüten erscheinen in großer Anzahl zumeist im Frühsommer. Sie eignen sich besonders für Pergolen, Lauben und Gänge. Schnittmaßnahmen sollten nur nach der Abblüte erfolgen, weil die Blüten am vorjährigen Holz angelegt sind.

Wildrosen

Züchterisch nicht bearbeitete Rosen, zumeist einmal blühend, liefern Hagebutten. Frühjahrsrückschnitt: Freischneiden nach Wunsch, Auslichtung, Rückschnitt bis zu zwei Dritteln bei unerwünschtem Wuchern.

Hat man die Grundprinzipien des Rosenschnitts verstanden, ist der richtige Schnitt ein Kinderspiel.

Dekorativer Rosenbogen im Sommer.

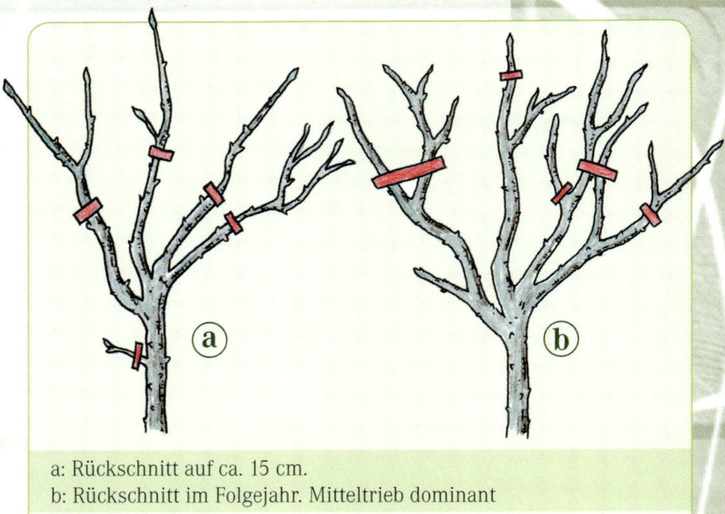

a: Rückschnitt auf ca. 15 cm.
b: Rückschnitt im Folgejahr. Mitteltrieb dominant

Häufig gestellte Fragen

? Warum bildet mein Apfelbaum immer wieder Wildtriebe, obwohl ich sie stets abschneide?

! Ein starkwüchsiger Baum kann durch dauerhafte Schnittmaßnahmen nicht klein gehalten werden. Im schlimmsten Fall muss er gefällt und durch einen schwächer wüchsigen ersetzt werden.

? Wann muss ich meine Hainbuchenhecke schneiden?

! Hainbuchen *(Carpinus betulus)* sind sehr gut schnittverträglich. Sie können sie im Spätwinter, aber auch Sommer (Juli) in die gewünschte Form schneiden.

? Warum trägt mein schon sieben Jahre alter Birnbaum nicht, obwohl ich ihn regelmäßig schneide?

! Bei einem Baum in diesem Alter sollte der Erziehungsschnitt zum Aufbau der Krone abgeschlossen sein. Vorerst nicht mehr schneiden, damit der Zuwachs gebremst und die Blütenbildung gefördert wird.

? Muss ich meine Gartenstauden beschneiden?

! Ganz allgemein: Welke Blüten und abgestorbene Pflanzenteile sollten fortgeschnitten werden. Außerdem können Frühjahrsblüher auf diese Weise nochmals zum Blühen angeregt werden

? Soll ich meine Asternrabatten im Herbst zurückschneiden?

! Werden Herbstblüher erst im Frühjahr ausgeputzt bzw. beschnitten, bieten die abgestorbenen Pflanzenteile einen zusätzlichen Winterschutz.

? Ich möchte mir ein ca. 3 m hohes Marillenspalier am Haus ziehen. Muss der Baum schwachwüchsig sein?

! Zum Aufbau des Spaliers ist ein relativ kräftiger Austrieb notwendig. Daher darf der Baum in diesem Fall nicht schwachwüchsig sein.

? Die Blätter meines bislang schönen Rhododendrons haben am Rand lauter Fraßbuchten. Kann ich die Triebe einfach zurückschneiden?

! Bei dem genannten Schadbild kann es sich um eine Schädigung durch den Dickmaulrüssler handeln. Ein Rückschnitt löst das Problem nicht. Sie müssen geeignete Maßnahmen (z.B. eine Behandlung mit Nematoden) gegen den Schädling einleiten.

? Kann ich meine Zierorange zurückschneiden, damit ich sie weiter als Kübelpflanze halten kann?

! Die Zierorange *(Calamondin)* wird am besten im Frühjahr oder im Sommer beschnitten. So lässt sie sich klein halten und langfristig im Kübel kultivieren.

? Vor unserem Haus steht eine entwipfelte Platane, die von unseren Vorbesitzern immer beschnitten wurde und an den Astenden nur einjährige Triebe hat. Wie soll ich sie beschneiden?

! Wenn der bisherige Wuchscharakter erhalten werden soll, schneiden Sie die Triebe bis auf den Astring zurück. Je ein Zugast an den entwipfelten Leitästen sollte stehen bleiben.

? Ich habe gehört, Pfirsichbäume soll man kräftig zurückschneiden, damit sie eine volle Krone bilden. Wann ist dafür die richtige Zeit?

! Pfirsiche und Nektarinen blühen am vorjährigen Holz. Daher wird ein Teil des Neuaustriebes (etwa ein Drittel) im Frühjahr über einer Blattknospe abgeschnitten. So kann sich ein neuer Fruchttrieb bilden, und aus den Blüten des verbliebenen Triebteils können sich diesjährig Früchte bilden. Bei Pfirsichen und Nektarinen ist eine Hohlkrone wünschenswert.

? Wie soll ich meine Stevia-Pflanze beschneiden, damit ich möglichst viel Blattmasse ernten kann?

! Nachdem die Pflanze Ende Mai ins Freiland gepflanzt wurde, wird sie kräftig zurückgeschnitten. So entwickelt sie sich buschig. Ende Juni wird sie erneut zurückgeschnitten, und im Juli werden die Spitzen gekappt. So entwickelt sie sich bis September zu einem kräftigen, mehrtriebigen Busch, der dann vollständig abgeschnitten wird (Ernteschnitt).

? Gibt es Seminare o. ä., um die Grundbegriffe des Schneidens von Gehölzen zu erlernen?

! Verschiedene Volkshochschulen, Gartenbauvereine und Gärtnerbildungsstätten bieten entsprechende Kurse an. Informationen hierüber erhalten Sie auch über den Autor (www.suedflora.com; Mail: kontakt@suedflora.de).

Schnittkalender

Dieser Kalender umfasst natürlich nicht alle notwendigen Arbeiten, aber an einige erinnert er. Spezielle Schnittmaßnahmen und Zeiten sind den Beschreibungen zu entnehmen.

Januar	Jetzt ist eine gute Zeit zum Schneiden von Veredlungsreisern für Nachfahren alter Bäume. Geschnitten wird bei frostfreiem Wetter. Reiserveredlungen durchführen.
Februar	Schnitt von Zier- und Obstgehölzen, frostempfindlichere ab Ende des Monats. Das Kronengerüst von Bäumen kontrollieren, totes Holz entfernen, Korrekturen vornehmen. Dann wird auch mit dem Umtopfen und Beschneiden von überwinterten Kübelobstgehölzen begonnen. Zitruspflanzen zurückschneiden.
März	Nun sollte der Obstbaumschnitt abgeschlossen werden. Jetzt beginnt man damit, Ziergehölze zurückzuschneiden. Abgestorbene Pflanzenteile von Stauden und Gräsern werden beseitigt. Bis zum Austrieb ist eine günstige Zeit zum Beschneiden von Zitruspflanzen.
April	Frühjahrsblühende Stauden- und Zwiebelblumen werden nach der Blüte zurückgeschnitten. Bei Bedarf erfolgt ein erster Rasenschnitt.
Mai	Wildtriebe an Rosen abreißen oder abreiben. Gehölzschnitt der Frühjahrsblüher gleich nach der Blüte (Forsythie, Ginster). Ab Ende Mai bis Juni Okulation aufs treibende Auge (Austrieb noch im Sommer).
Juni	Rasen regelmäßig mähen. Balkon- und Kübelpflanzen bedarfsgerecht düngen, abgestorbene Pflanzenteile herausschneiden. Heckenschnitt (Buchs, Buche, Berberitze) nach eventueller Vogelbrut durchführen.
Juli	Wildblumenwiese beschneiden (erster Schnitt von insgesamt zwei). Formschnitt an Hecken und Skulpturen. Beerensträucher nach der Ernte zurückschneiden. Sommerschnitt bei Obstgehölzen. Veredlungen durch Okulation (Rosen, Obst).
August	Bei großer Hitze mit dem Schneiden warten. Letzter Heckenschnitt. Sommerschnitt bei Obst- und verschiedenen Ziergehölzen sowie Hecken. Es erfolgt kein neuer Austrieb, der im Winter erfrieren könnte.
September	Letzter Monat für die Okulation aufs schlafende Auge (Austrieb erst im nächsten Jahr). Rasen düngen. Koniferen pflanzen.
Oktober	Empfindliche Kübelpflanzen ins Winterquartier bringen, eventuell Rückschnitt aus Platz- und Pflanzenschutzgründen. Beginn der Zeit für winterlichen Gehölzschnitt.
November	Gehölzschnitt, bei frostfreiem Wetter Pflanzarbeiten durchführen. Kübelpflanzen hereinstellen.
Dezember	Gehölze an frostfreien Tagen pflanzen. Frostschutz für im Freien überwinternde Kübelpflanzen.

Verzeichnis der Pflanzen